泰州学派

张树俊 著

江苏凤凰美术出版社

图书在版编目（CIP）数据

泰州学派 / 张树俊著. -- 南京 : 江苏凤凰美术出版社, 2019.8
（符号江苏精选本）
ISBN 978-7-5580-6567-5

Ⅰ. ①泰… Ⅱ. ①张… Ⅲ. ①泰州学派—介绍 Ⅳ. ①B248.3

中国版本图书馆CIP数据核字(2019)第157846号

责任编辑 施 铮 汪意云
装帧设计 曲闵民 高 森
扉页插图 陈敏娜
责任校对 吕猛进
责任监印 朱晓燕
实习编辑 廖顺瑜

书　　名 泰州学派
著　　者 张树俊
出版发行 江苏凤凰美术出版社（南京市中央路165号 邮编：210009）
出版社网址 http://www.jsmscbs.com.cn
制　　版 江苏凤凰制版有限公司
印　　刷 南京新世纪联盟印务有限公司
开　　本 787mm×1092mm 1/32
印　　张 5.5
版　　次 2019年8月第1版 2019年8月第1次印刷
标准书号 ISBN 978-7-5580-6567-5
定　　价 68.00元

营销部电话 025-68155790 营销部地址 南京市中央路165号

内容简介

泰州学派是中国历史中第一个真正意义上的思想启蒙学派，它发扬了王守仁的心学思想，反对束缚人性，引领了明朝后期的思想解放潮流。创始人王艮，明代哲学家，人称王泰州。泰州学派的影响超过了王守仁后学的各个学派。本书从泰州学派产生的时代背景、起源及发展、创始人及其主要流派介绍、学派的影响及文化遗存等几个方面对泰州学派做了全面介绍。

作者简介

张树俊，笔名村野，男，汉族，1957年10月5日出生于江苏省泰县。历任中共泰州市委党校办公室主任、中共泰州市委宣传部理论处处长、中共泰州市委党校副校长。现为中共泰州市委党校专职历史学研究员、政治学教授，兼任泰州市文艺评论家协会副主席、江苏省作家协会会员，泰州市历史学研究会副会长。先后出版《泰州学派的创新精神》《明朝，泰州那几个精灵》《王艮和谐思想研究》《王襞思想研究》《王栋思想研究》《韩贞评传》《泰州三朝五儒思想概论》《淮南三王思想比较》等著作36部。

目录

CONTENTS

引言

江淮大地，日晷经流。明代先贤王阳明在一个落日的傍晚（嘉靖七年十一月二十九日），带着一腔遗憾和毕生追求，永远地闭上了自己的眼睛。作为一代大儒，集思想家、教育家、文学家、书法家、哲学家和军事家于一身的巨擘，面对明王朝执政理念与文化体制的先天缺陷，寂寞地告别了那个时代，将背影留给了后代思想界。王阳明去世后，阳明之学分化为浙中王学、江右王学、南中王学、楚中王学、北方王学、粤闽王学等许多门派，而出自王学之门的王艮一方面继承了王阳明的思想，另一方面又改造、发展了王学的思想，创立了以他为首，经颜均、何心隐的发展，至李贽而至顶峰的独立的“异端”学派——泰州学派。

黔中王门是指贵州的王门后学。王阳明谪居贵州期间，创办龙岗书院，主讲文明书院，传播其心学思想，培养了大批王学人才。王阳明离黔后，众弟子在贵州弘扬师说，讲学之风，盛极一时，形成了有地方特色的阳明学派——黔中王门。这一学派的活动大大促进了贵州教育文化事业的发展和社会文明的进步。

王学门派之黔中王门

粤闽王门是指广东、福建的王门后学。明正德二年（1507），王阳明赴龙场前曾隐遁福建武夷山月余，讲学授徒，对福建王学后来的发展有过影响。后来，广东、福建有很多士人赴浙拜阳明先生为师，后又返回本乡传播王学，使得广东、福建的王门后学获得了较大发展。粤闽王门的主要代表人物有阳明嫡传弟子薛侃、方献夫、马明衡、杨骥、梁焯、郑一初等人。

王学门派之粤闽王门

南中王门是指流行于江苏和安徽一带的王门后学。王阳明曾分署滁州督马政，在滁州开展讲学活动。王阳明及其高足钱德洪、王畿、邹守益、欧阳德等都曾在南京为官，讲学活动十分兴旺，学术团体也较多。在学术上，南中王门学者虽然深受王畿的影响，但都持较折中的态度，主张修悟兼备，强调实事实行。

王学门派之南中王门

北方王门主要指山东、陕西、河南等地的王门后学，有阳明嫡传弟子穆孔晖、南大吉及阳明再传弟子张后觉、孟秋、尤时熙、孟化鲤、杨东明等人。北方王门学派的总体特征是十分重志节、重事功、重实践。

王学门派之北方王门

江右王门是指江西的王门后学。江西是王阳明生前主要的活动地之一。在公务缠身之中，他讲学于赣州的濂溪书院、孔庙，庐山的白鹿洞书院、吉安的青原山寺等处，弟子众多。王阳明去世后，其弟子邹守益、欧阳德等继承阳明精神，建书院，办讲会，使王学在江西盛极一时，传衍不绝。江右王门恪守王学的“致良知”宗旨，是王门后学中势力较大、影响较广的派别。黄宗羲指出：“姚江之学，唯江右为得其传……盖阳明一生精神，俱在江右，亦其感应之理宜也。”

王学门派之江右王门

浙中王门是指浙江的王门后学，主要流行区域包括绍兴府的余姚县、山阴县、会稽县、嵊县，金华府的东阳县、永康县，衢州府的龙游县、江山县、衢县。早在明正德年间，徐爱、蔡宗兖、朱节三人就拜入阳明门下。从1521年秋到1527年期间，王阳明丁忧居家，在余姚中天阁、绍兴稽山书院、阳明书院等处授徒讲学。这一时期是王阳明讲学生涯最兴盛的阶段，大批学人成为阳明弟子。王阳明去世后，钱德洪、王畿作为浙中王门的主导人物，成为王门讲学领袖，使得浙江成为阳明学最具辐射力和影响力的地区之一。

王学门派之浙中王门

贵州修文龙岗书院，王阳明讲学旧址

贵州修文阳明洞，王阳明于正德三年（1508）曾在此洞中居住

陽明先

第一章
泰州学派

第一节　学派的特点

泰州学派根植于王阳明心学，为什么不称泰州王学，而称泰州学派呢？一方面是因为该派成员多为泰州人，另一方面泰州学派是中国封建社会后期第一个带有启蒙色彩的学派，是明代心学运动中一个带有激进政治色彩，在一定程度上反映平民价值观，且在社会上产生重要影响的哲学学派。在长达 76 年的时间里，泰州学派的学者们踯躅于明王朝中叶的江淮腹地，绘出了一幅启蒙思想的长卷。追怀先贤，启悟后学，江水滔滔，流云俯峰，泰州学派作为中华思想库中一个

泰州学派讲学论道

开门授徒

极具创新意识的学派，展示了中国传统儒学的新风采。

泰州学派是一个全国性的平民学派，它诞生于明嘉靖六年（1527），消亡于明万历三十年至三十二年间（1602—1604）。泰州学派不仅存世时间较长，且学者分布极为广泛。泰州学派弟子除江苏外，遍布江西、安徽、福建、浙江、湖南、湖北、山东、四川、河北、河南、陕西、广东等地。显然，泰州学派不是一个地方小学派，而是一个全国性的大学派。这个学派具有鲜明的平民性格。一是泰州学派的学者们多数出身于平民，不少弟子如韩贞、夏廷美、颜山农等人本来识字就很少。二是他们深切关心下层民众的疾苦，体恤下层民众的要求和愿望，其学说在一定程度上代表了平民的利益，符合人民的需要。三是他们周游四方，到处讲学，其宣传教育对象也以平民为主。比如，明朝学者何心隐奔走四方讲学，南至福建，北至京师，东至长江下游，西至重庆。四是将儒学从文士之学变成愚夫愚妇与之能行的百姓日用之学。泰州学派的平民化既使泰州学派的思想获得了众多的支持和理解，也促进了中国文化的下移，使通俗文学走上了大雅之堂。

泰州学派是一个充满创新精神的学派。它具有强

泰州学派创始人王艮雕像

江苏泰州安定书院，北宋教育家胡瑗讲学旧址，胡瑗又称“安定先生”，泰州学派受其思想影响

烈的反叛精神和鲜明的创新品格，其学者们以不受名教所束缚的“狂者”和“异端”风格背离传统，在社会上和学术界产生了很大的震动。其创始人王艮自学成才后虽一度师事王阳明，但不为王学所囿，对自己的思想见解非常自信，常常“发明自得”，直到自立门户、自成体系。王艮用“百姓日用即道”的思想和其淮南格物论，进一步从人与社会的关系，阐明了人的社会责任感和使命感，也使泰州学派成为在中国哲学史上独树一帜的创新学派。事实上，泰州学派虽然受到阳明心学的深刻影响，但它作为一个独立学派也具有时代特色和自己的学术特色。泰州学派所提出的一系列反映时代需求的新观念，推动了心学从“良知面前人人平等”向“要求政治平等”的转变。泰州学派的学者们把老百姓提高到与圣人同等的地位，体现了为平民争取社会地位和伦理尊严的政治意向。泰州学派的新观念，也推动了从初步突破思想禁锢向要求思想自由的转变。泰州学派开始突破儒家经典和封建伦理纲常的羁绊，反对用儒家经典束缚人们的思想，引导人们的思想自由发展。泰州学派倡导率性而为，冲破传统儒学的束缚，他们的思想适应了时代的需要，

泰州学派创始人王艮出生地——江苏东台安丰古镇

反映了新兴市民阶层的要求。泰州学派的后学颜钧、何心隐，特别是李贽，对封建礼教和宋明理学的激烈批判，在思想界产生了重大影响，对于促进思想解放起到了重要作用。

第二节　泰州学派的影响

泰州学派是一个极具启蒙性质的学派。它是中国历史上第一个真正意义上的思想启蒙学派，其成员的思想反映了中国封建社会后期开始社会转型的客观要求。特别是他们以“身本”为核心内容，重视人的价值，提高人的社会地位，强调维护人的尊严，主张人欲合理等主张，是对人的主体精神的弘扬，对自由与个性解放的争取，极具启蒙特色。泰州学派所倡导的“大人造命”以及不以孔子是非为是非的思想，在一定程度上代表了被压迫、被剥削阶级的利益，具有反封建专制、反封建道德传统、反所谓正宗圣教的战斗精神。泰州学派的启蒙思想，不仅在当时产生了很大的影响，而且对明中晚期人们的思想解放起到了积极的推动作用。在泰州学派启蒙思想影响下，明代晚期掀起了波澜壮阔、汹涌澎湃的人文主义文艺启蒙思潮。同时，

王艮收徒

王艮讲学图

泰州学派启蒙思想对于明清之际早期启蒙思潮，包括鸦片战争以后的洋务运动、维新运动、改良运动也都产生了一定的影响。泰州学派的启蒙思想甚至对五四运动都产生过一定的影响，如五四运动中所提出的“打倒孔家店”的口号，批判孔教吃人，提出男女平等、婚姻自由、个性解放等主张都是泰州学派启蒙思想的折射。

第二章
泰州学派的产生

第一节　时代背景

泰州学派的产生不是偶然的，而是时代的产物，其产生与发展有着深厚的社会基础。总的来说，泰州学派的产生和发展与明中叶以后政治、经济、思想文化的发展环境有关。

一是封建社会的衰败。泰州学派的学者们生活的时代，随着资本主义萌芽的出现，阶级矛盾的加剧，封建政权危机四伏，江河日下。中国封建社会已进入衰落的晚期，而衰败没落的封建统治阶级更加腐败，对劳动人民的剥削和压迫更加残酷。由皇帝和贵族带头，公侯伯爵、外戚和宦官以及各地的地主，都在兼并土地，形成了一个空前广泛的土地兼并狂潮，阶级矛盾达到了白热化。同时，统治集团对人民的压迫剥削不断加强，激起了人民群众的强烈反抗，人民起义连续不断。

二是商品经济的刺激。嘉靖、万历之际，商品经济日渐繁荣，资本主义生产关系开始萌芽。特别是东南沿海地区，手工业作坊大量涌现，商人的地位显著上升。这些变化，不仅说明封建社会自给自足的自然经济走向解体，而且反映了在封建生产方式中产生了促使其解体的资本主义幼芽和新兴的市民阶层。同时，还出现了以工商为纽带的新的雇佣关系。而泰州学派的成员大多出生于或活动于长江中下游或长江三角洲和赣水流域及东南沿海等商品经济发达的地区。商品经济的发展和市民阶层的兴起，人人平等和发挥人的主观能动作用的物质功利主义及个性解放思想，成了正在兴起的市民阶层的追求。此外，资本主义生产关系因素的产生和新兴市民阶层的出现，也迫切需要有代表其利益和要求的代言人，这就促进了学者们对传统的理论进行思考。

三是下层平民的诉求。泰州学派的成员大多处于

姜堰古镇

社会的底层，比如泰州学派创始人王艮本身就是制盐出身。明代开国之初，朱元璋出于对群雄中与他争斗最激烈的张士诚的报复，把苏州大批居民迁去淮南海滨劳动，王艮的先祖也在迁徙之列。王艮的祖父王伯寿听到这个消息后，提前于洪武七年（1374）十一月，携老大国祥、老二国瑞、老三国祯由苏州迁往泰州。后国祥、国祯定居安丰为灶户，以烧盐为生；国瑞分居姜堰为民户，以行医为业，为王栋五世祖。王艮是王守庵第二子。泰州制盐虽然兴盛，但盐民的生活却十分悲苦。泰州学派代表人物王艮的学生吴嘉纪有一首诗，真实地反映了盐民的悲惨生活，即"白头灶户低草房，六月煎盐烈火旁。走出门前炎日里，偷闲一刻是乘凉"。此外，王艮及许多弟子所生活的泰州地区，水、旱、虫、震灾害不断。事实上泰州学派的许多学者都是盐民出身，他们亲身感受到了贫困和被压迫、被剥削的痛苦，促使泰州学派的学者们对民众的痛苦更为关切，并立志通过反映平民的思想宣传救民于水深火热之中。

四是阳明心学的激荡。面对社会动荡与人心思变，统治者清醒地意识到，不仅要破山中贼，更要破心中贼。于是，统治者在加紧镇压农民起义的同时，企图通过

王艮在讲学

贵州修文阳明洞龙岗书院内景，该书院是王阳明在明正德三年（1508）在此任驿丞时所建

龙岗书院内王阳明塑像

强化“理学”这一精神支柱，从思想文化方面对人民进行控制。但是这时的朱熹理学已经完全成了人们追逐功名利禄的空洞教条，变得陈腐僵化，理学独尊一统的局面再也不能维持下去了。于是一种力图抛却朱熹理学或者深入改造朱学的思想渐渐兴起。渐而以陈献章、湛若水、王守仁（阳明）等人为代表，掀起了席卷明代思想文化领域的心学思潮。特别是王阳明心学逐渐成为思想界新的控制力量。生动活泼、不以圣贤经书和理学教条为是非善恶标准的阳明心学，冲破了朱学的思想禁锢，客观上为某些进步的思想家反对圣贤偶像和封建礼教束缚的“异端”思想提供了思想资料。王艮曾师事王阳明，阳明心学也为泰州学派的创立提供了养料。泰州学派启蒙思想的形成，吸收借鉴了心学的许多积极因素。当然，泰州学派的思想与阳明心学也有很大的区别，泰州学派对阳明心学从形式到内容都作了批判性的改造与发挥，因而成为与阳明心学完全不同的独立学派。

浙江余姚阳明故居前“新建伯”牌坊

贵州修文阳明洞景区碑廊内王守仁（王阳明）手迹石刻

贵州修文阳明洞石刻

第二节　创始人王艮

王艮（1483—1541），原名银，字汝止，号心斋，明代泰州安丰镇人（今属东台市）。艮名及汝止字，均为其师王阳明所改。王艮是泰州学派创始人，他的一生大致上可以分为以下四个时期。

从孩提至26岁是王艮烧盐、贩盐发家时期。王艮从小就非常聪明，7岁在乡塾读书时，老师提出的问题都难不倒他。但由于家贫，11岁时乡塾也上不起了，就辍学帮助父兄操持家务，并参加烧盐劳动。19岁起王艮常常随父外出从事经商活动。由于他善经营、懂管理、会理财，很快成为富户。王艮23岁在山东经商时得了病，经医生治愈后，他起了以医谋生的念头，从此悉心研究医道。然而，他25岁在山东拜谒孔子等诸庙时，忽然想到，孔子是人，我也是人，孔子可以通过学习成为圣人，我也能。他萌发了通过医道来谋求生活之路的念头，从此悉心研究医道。回家之后，他改变了从医的看法，树立了一定要成为圣贤的志向，天天诵读《孝经》《论语》《大学》，久而久之，日渐精熟，便能信口讲解。

27岁至37岁是王艮发奋刻苦自学、悟道讲学的时

江苏东台安丰古镇，王艮少时以烧盐、贩盐发家

制盐图

期。王艮修道的方式，类似于顿悟法。如他27岁时就闭门静思，不分夜日、寒暑。29岁的一天夜里，他做了一梦，梦见天掉下来压在身上，人们奔跑呼救，于是王艮奋臂托天而起。看到日月星宿失乱而无序，又亲自用手进行了排布，使之恢复到原来的样子。这时候万人欢欣鼓舞，对他表示感谢。王艮这一梦可能并不是真梦，天掉下来压在身上，实际上是指当时弘治、正德年间的江淮大旱和接二连三的蝗灾、瘟疫所带来的民生困顿，以及山东、江西、湖广、陕西等南北各地频繁的战乱所带来的混乱局面。王艮做梦乃是假象，此梦非梦，托梦言志，表达了他亟欲纾解民困和关怀民生的心情。他30岁的时候就建一小屋于正屋之后，闲暇的时候就在小屋内休息，一边读书考古，一边鸣琴雅歌，享受学习的快乐，大有佛道风范。32岁时，王艮开始讲说经书，但他讲说经书多“发明自得，不泥传注”。家乡的族长知道王艮有志天下，每当有了难事请教他，他就立即为其辨析。安丰各盐场遇到难以处理的官民纠纷，也都找王艮出谋划策，使问题得到很好的解决。不过王艮虽有才学，却绝不满足于一己之得和道听途说，还是坚持不懈地学习。

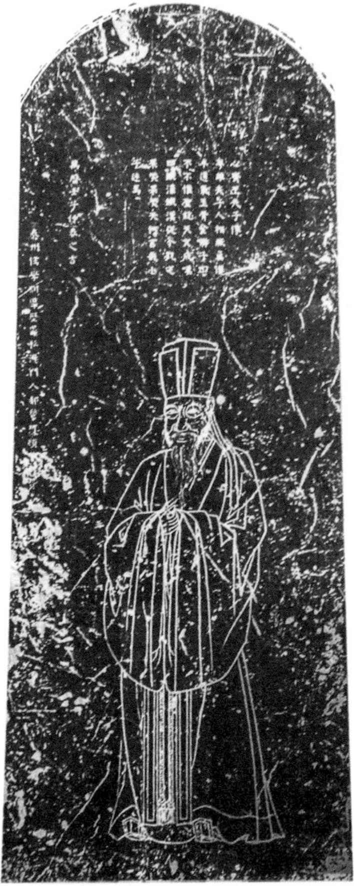

王艮线刻画像

江苏东台安丰古镇心斋园内东淘精舍，王艮讲学旧址

东淘精舍侧面图

泰州崇儒祠，祀泰州学派创始人王艮，内设泰州学派纪念馆

泰州崇儒祠内碑廊

泰州崇儒祠内院

泰州崇儒祠内乐学堂全景

38 岁至 46 岁是王艮从学王（守仁）门时期。正德十五年（1520），王艮 38 岁时，他从吉安籍塾师黄文刚处了解到王阳明的学说，好学心切、求知若渴的王艮，立即冲破家庭的重重阻力，不远千里，趋舟赴南昌向江西巡抚王守仁（阳明）求教。拜见王阳明之初，王阳明是反对像王艮这样毫无政治地位的布衣之士思考和参与国家大事的。他认为，平民百姓应该像舜耕于历山那样，从事生产劳动。可是，王艮的看法不同，他认为，正因为是草莽匹夫，更应该去追求尧舜之治，而现实社会中没有尧这样的贤明君主，因而草莽匹夫也就不能像舜那样安心于生产劳动。王艮的理想不是个人或少数人的利益能否实现，而是要使每个人都能各得其所；他所追求的社会，是一个人人皆贤、家家都有可受表彰的德行的社会。所以开头两人话不投机，经过多次讨论，王艮终于心服。从此，王艮成为王阳明门下的学生。王阳明为了抑制他的“傲气”，还将他的名字“银”改为“艮”。王艮就学于王阳明大约 8 年时间，在此期间，王艮除尊师好学、早晚侍候老师外，一直坚持学术研究。王艮坚持独立思考，有疑即问，并自创淮南格物说。在此期间，他写了《鳅鳝赋》《复初说》《明哲保身论》《乐学歌》《天

王阳明先生

理良知说》等名篇，在当时引起了很大的社会反响。在《鳅鳝赋》中，他将对自身悲惨状况麻木不仁的众人比喻为鳝，而将充满使命感和精神活力的先知先觉者比喻为使鳝焕发生命力、像神龙一样的泥鳅。他借鳅之奋身化龙，救鳝脱牢笼，表达了自己为天地立心、为生民请命、救民于水火的宏大志愿。于是他有了周游四方讲学的志向，试图通过讲学唤醒广大群众，让广大群众奋发起来，建设一个美好的世界。同时，王艮也注意与上层社会的官僚、学者交游，并积极协助王阳明从事讲学活动。如他第二次去南昌时，路过金陵，会同学友们一起演讲、讨论，并提出了以经典来验证自己的理解，以自己的理解来解释经典的主张。再如嘉靖二年（1523），王艮北上入京，沿途讲学，受到各方重视，轰动一时。此外，王艮还在广德会讲复初书院，大会同志，又开讲于孝丰；在会稽，集同门讲于阳明书院。嘉靖五年（1526），王艮应泰州知府王瑶湖之聘，主讲于安定书院，宣传“百姓日用即道”的观点。此外，在金陵新泉书院、扬州甘泉书院、镇江金山寺及徐州等地都留下了他讲学的足迹。由于王艮在王门子弟中名声很大，同门会讲必请王艮主持。

47 岁至 58 岁是王艮独立讲学、自成一家时期。这

江苏东台安丰古镇心斋园内祖堂，心斋园为纪念王艮而建，王艮又称“心斋先生”

泰州崇儒祠馆藏泰州学派成员著作

一时期，为王艮活动的鼎盛时期。嘉靖八年（1529），王阳明去世，王艮亲自到浙江桐庐吊丧，并邀请学友们一起料理家事，安排好王阳明后人的生活，后又和学友们一起将王阳明安葬于绍兴方回。此后王艮便定居于安丰场，开始了他自立门户的讲学时期，也开启了泰州学派的创立时期，这也是泰州学派形成、发展的第一阶段。这一时期，王艮先后著有《格物要旨》《勉仁方》《大成歌》《与南都诸友》《均分草荡议》《王道论》《管徐子直书》等重要文章。王艮一方面继承王学传统，另一方面又汇集四方之学，熔铸新说，从而形成了自己的学术特色和学术风格。王艮还把他的这种新学说称为大成之学。所谓大成之学，就是经他改造了的、平民能够接受的新儒学。

王艮的大成之学吸引了许多远近弟子。他讲学时，四面八方的人都赶过来听他讲。之所以产生这样的效果，一方面是因为王艮大成学的内容较新，符合平民的实际需要。另一方面是由于他讲学的方法得当，很合平民百姓的口味，所以从学者很多。后来为了解决教室不足的问题，他的弟子林东城、御使洪垣（觉山）就出钱为王艮新建讲堂三间，东西掖房各五间，构成“东淘精舍”，

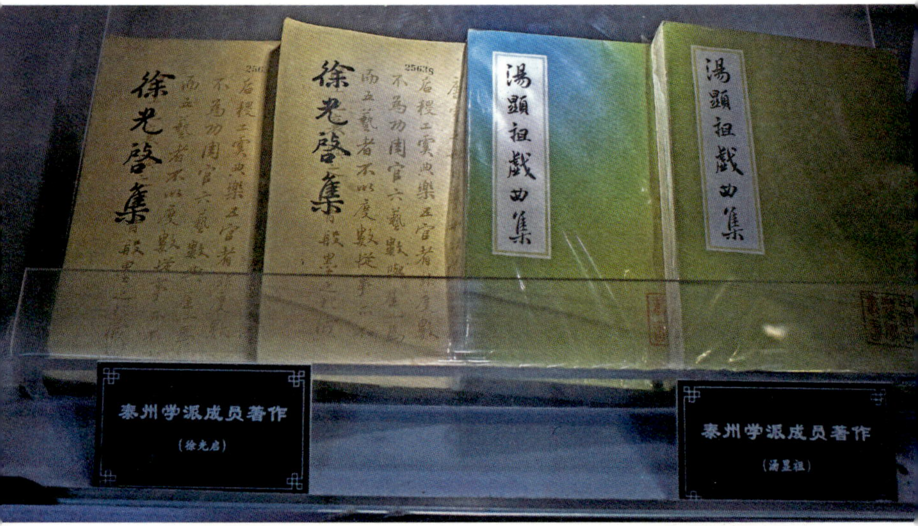

泰州崇儒祠馆藏泰州学派成员著作

江苏东台安丰古镇心斋园内勉仁堂，王艮讲学及来访学生居住用

王艮墓

泰州崇儒祠内王艮雕像

将讲堂命名为“勉仁堂”，供王艮讲学和来访学生居住之用。由此王艮的教育规模得到了进一步的扩大，泰州学派的影响也越来越大。

王艮一生献教，终而无憾。他以万世师自命的狂者风格和鼓动家、传道者的热忱，以及从事平民教育、传道讲学而终身不入仕途的气骨悉心讲学。从嘉靖六年（1527）至十九年（1540），王艮讲学达13年之久，从不懈怠。王艮晚年多病，而四方来学的人一天比一天多，他仍扶病就榻讲论。临终前，他对王襞(王艮次子)说:“你知道对于学习，我还有什么担忧的吗？”又谆谆教导他的弟子们:“友朋们要经常到东淘精舍相聚集，相与切磋，这样自然会有大大的好处。”他希望他们把泰州学派能延续下去。王艮逝世后，四面八方来送葬的有几百人，这是广大人民群众对他的崇敬与不舍。

第三章
传承与发展

泰州学派从王艮开门授徒开始到明代末期，共有五代传人，其弟子有姓名可查的达487人；其中载入《明史》的20余人，编入《明儒学案》的30余人。从泰州学派代表人物的思想发展变化及其影响来看，16世纪20年代至30年代是泰州学派创立时期。王艮之后，泰州学派的弟子们是一代传一代，其斗争精神也一代高似一代。泰州学派思想的传承与发展可分为以下两个阶段。16世纪40年代到70年代为第一阶段，这是泰州学派发展的兴盛时期，主要以颜钧、王襞、何心隐为代表。从16世纪80年代至17世纪30年代为第

江苏东台安丰古镇心斋园内王艮雕像

二阶段，是泰州学派发展的鼎盛时期，主要以李贽为代表。

第一节　第一阶段：兴盛时期

从16世纪40年代到70年代是泰州学派思想的传承与发展的第一阶段，此阶段为泰州学派的兴盛时期，主要是王艮的弟子和再传弟子，代表人物有王栋、王襞、颜钧、何心隐等，其主要特点是对王艮的阐述、继承和传播、发展。

（1）王栋与王襞。泰州学派人物众多，而最具影响力也最能代表泰州学派思想的人物除创始人王艮以外还有两个人，这就是王栋和王襞。他们三个人合称“淮南三王”，也称“淮南王氏三贤”。

王栋（1503—1581），字隆吉，号一庵，泰州姜堰镇（今姜堰区）人，王艮的族弟。王栋乃国瑞五代孙，7岁时，他的父亲就教他习举子业，同时教他一些医术。武宗正德八年（1513），也就是王栋11岁那年，出现了瘟疫，他的父亲叫他在姜堰镇施药。一天他走到沙村庄，途中遇到一匹烈马乱咬乱踢，王栋伏在地上，直到晚上才得以脱险。回到家里他对父亲说：

江苏姜堰王氏宗祠内王栋塑像

安丰古镇

"今天我被马所伤，差一点把命丢了。"从此，他的父亲不再要他学医，让他一心一意攻读儒学。世宗嘉靖五年（1526），王栋24岁。这一年王栋习《易经》，补泰州庠生（秀才）。第二年王栋享受到了生活补助。他认为自己虽然是通过科举科目考试而得的秀才，但自己真正要学的还是孔子之学，于是拜王阳明的弟子、泰州知府王瑶湖为老师，学习王瑶湖的提醒良知说。接着又同林东城一起拜伯兄王艮为师，学习格物之学。世宗嘉靖三十七年（1558），王栋应岁贡（明清两代，一般每年或每两三年，从府、州、县学中选送廪生升入国子监读书，因称岁贡），初训于江西建昌府南城县。王栋曾师事王艮，得家学之传。先后任县训导、教谕、州学正。王栋是将泰州学派思想发扬光大的最为重要的人物。王艮的思想得以广泛传播，泰州学派得以名扬天下，与王栋的努力宣传是分不开的。王栋以讲学为重，主持过泰州安定书院，并注重乡村教育，同时把教育与讲会相结合，使讲会成为学者会聚的场所，创立了书院以外的新的教育形式，这是王栋对泰州学派的一个重要贡献。世宗嘉靖四十二年（1563），王栋的母亲去世，王栋居家守丧。3年后守丧期满，王栋补

江苏姜堰王氏宗祠内王栋画像

江苏姜堰王氏宗祠内归裁草堂

山东泰安州训导。隆庆五年（1571），抚院共同推荐王栋为提拔的人选，所以南丰教谕的任职还没有期满，就被调任为深州学正。隆庆六年（1572），王栋正好70岁退养回乡。回乡时两袖清风，一贫如洗，但他悦乐自如，开门授徒。万历九年（1581）正月二十六日，王栋因病去世，享年79岁。王栋一生怀抱重铸世界之志，广行化育之功，尤其在阐发王门学说的同时，对王门学说进行了较大的补充和修正。王栋不仅阐发王艮学说，还综合王阳明的致良知之学与王艮的淮南格物论，创造了主意说，形成了自己独特的学术体系，在中国思想史上有着重要的地位。王栋的著述除《会语》《会语正续》《会语续集》外，还有《会学十规》《一庵会语》《易说》《祠堂记事》等书（均已散佚）以及一些诗歌，另有《诚意问答》收录于《明儒学案》第三十二卷中。

王襞（1511—1587），字宗顺，号东厓，王艮的次子。王襞9岁起跟随父亲到会稽，从学于王阳明。王阳明让王襞跟从王畿等学习。在会稽学习10年后，王襞回到安丰场议婚娶妻。但结婚不足半年，王襞又到王阳明处学习8年，先后留越中近20年，结交多巨儒硕士。王阳明去世后，王襞回到泰州，从学于父亲。所以，王襞既得王阳明、王龙溪、钱绪山之学，又得到了王艮的特别传授。王艮在家乡授徒时，王襞成为其父的得力助手。父亲王艮去世后，王襞与兄东堧执丧3年，执丧结束后即开门授徒。王艮逝世后，他遵循父亲的嘱咐，不事举子业，一心在社会底层讲学。王襞还对家学进行了广泛而深入的研究，并在继承和传播家学说、扩大泰州学派思想影响方面发挥了重要作用。有《王东厓先生遗集》存世。

（2）韩贞（1509—1585），号乐吾，字以中，兴化人，祖籍苏州，始祖韩正乙居苏州阊门，明初移民时迁到兴化。是韩正乙第六代孙，明正德四年（1509）十月二十四日出生于离兴化城东约80里的戴窑一带（元朝初为大王庄，后为大杨庄）。韩贞世代以制陶为业，生活一直很贫困，所以自小失学，但他求知若渴。正德八年（1513），5岁的韩贞拿着芦秆画字，并问父亲："何时送我上学堂？"父亲感到很奇怪，没有答应他。正德十五年（1520），韩贞开始用芦秆蘸水在砖上学写字，也就是从这一年开始，韩贞跟从父亲学习做砖坯等陶工之活。嘉靖六年（1527），19岁时，韩贞因母亲去世悲痛不已，于是信佛以求菩萨保佑。正在此时，

韩贞

徐樾

颜钧

罗汝芳

韩贞听说离大杨庄不远处的草埝场有一位叫朱恕（朱恕，字光信，王艮的弟子，出身樵夫）的先生广收贫家子弟教读讲学，于是，他抱着强烈的求知欲望投奔到朱恕门下。朱恕教他读《孝经》，从此，韩贞真正开始学文识字，逐渐懂得了一些儒学知识。朱恕看韩贞求知欲很强，就推荐韩贞到安丰跟从王艮学习，王艮又叫韩贞跟从王襞学习，同时自己也给韩贞以指导。韩贞的品德与学习表现很好，王艮很赞赏并赠送韩贞一套儒巾深衣。韩贞在王艮、王襞处学习两年，27 岁离开安丰后回到家乡，一直致力于宣传王艮的思想。他以提倡道德、教化不良习俗为己任，开门讲学。韩贞在家乡除讲学外，继续参加制陶劳动，接济平民百姓，扶危济困，被称为东海贤人。韩贞与王艮一样不喜著述，晚年时受李春芳、陆西星等人启发，在讲学之余，著有《山藏》《修行路》以及不少与友人交往的诗篇，但大多遗失。现在从馆藏资料、有关誊印资料及有关出版资料中所能见到的韩贞诗歌不过 110 首左右。

（3）徐樾（？—1551），字子直，号波石，江西贵溪人，进士。嘉靖七年（1528）、十年（1531）、十八年（1539），徐樾三次到王艮那儿学习。王艮对他非常器重，视同己出。当然，王艮教徐樾也是有步骤的。事实上，王艮在考察徐樾前后达11年后，临终前才授其以大成之学。徐樾先后任礼部侍郎、云南布政使，从学王艮后，曾经有过辞官的意愿，但未曾如愿。后来，中了敌人的诈降计，战死于沅江城下。云南巡抚赵炳然上报朝廷，追认他为光禄寺卿。徐樾著有《日省仁学录》，孙应鳌对他的遗稿进行整理，编为《徐子直集》。

（4）颜钧（1504—1596），字子和，号山农，又号耕樵，江西吉安府永新县三都中陂村（今江西永新）人。颜钧自幼体弱，智慧不开，被当成痴呆儿。12岁随父在常熟学宫读书。20岁以后因家贫而停学。从学徐樾3年后，由徐樾介绍到王艮门下学习，人称嘉隆江湖大侠。颜钧在家乡做的第一件事就是建立萃和会，集自家、本族、同乡老壮男女近700人，大讲孝悌之学，听学者不回去，晚上都一起在会堂住宿。在泰州学成之后，他立即到江西南昌，组织1000多名参加科场考试的学子，向他们宣讲大成之道。颜钧的种种言行，引起了官府的极度不满。于是，南京左都御使耿定向诱骗颜钧到太平府讲学，将他逮捕。颜钧被关在南京狱中，几乎被打死，但因无法定罪，不好处罚，诬他盗卖官船，坐牢3年。嘉靖十九年，王艮去世，颜钧专程从江西到安丰场为王艮守墓3年。当他听到老师徐樾战死的消息后，又孤身前往云南，辗转数年，终于找到了徐樾的残骸，带回来葬在安丰场王艮的墓旁。嘉靖二十五年（1546），颜钧在江苏扬州、泰州等地传道时，又因思想过于激进被朝廷逮捕，发配充军。颜钧93岁时因病去世，有《颜钧集》传世。

（5）罗汝芳（1515—1588），字维德，号近溪，江西南城人。在南昌听颜钧讲学时拜颜为师，是颜钧的得意门生。罗汝芳中进士后，不参加殿试，也不入朝做官，周游四方多年。后来，罗汝芳任过太湖知县、刑部主事、东晶知府、右参政等，因在北京广济寺讲学，触怒张居正，被勒令解官归里。罗汝芳对其师颜钧非常崇敬，颜山农被捕后在京城坐牢，为了营救老师，罗汝芳变卖了自家的田产，用来为他赎罪。颜钧坐牢3年，罗汝芳也随着在狱中侍奉他3年，而且一直为颜钧鸣冤，最终成功地营救颜钧出狱。罗汝芳视师如父，有一天，家人报说颜钧到来，罗汝芳正在读书，闻报慌忙站起，出门迎接颜钧。等颜钧进了客厅，他先恭

罗汝芳塑像

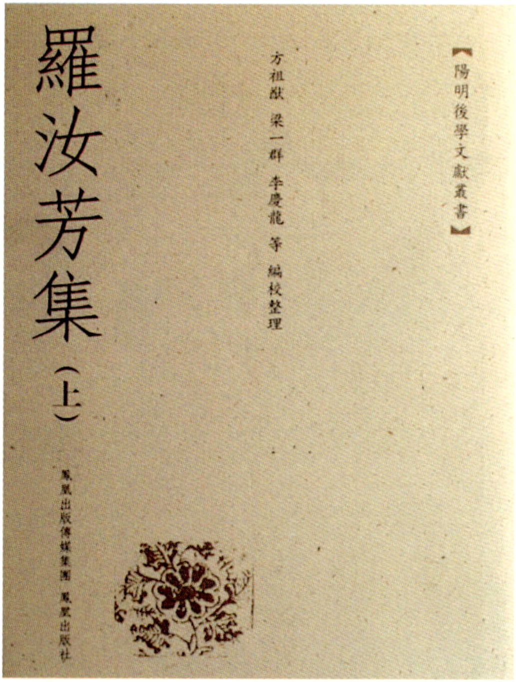

由凤凰出版社出版的《罗汝芳集》

请老师安坐，然后忙前忙后，又是沏茶，又是端果盘，一切都由他亲自奉上。儿孙辈看着不忍，怕累坏了父亲、爷爷，提出由他们来做，罗汝芳说：“我的老师不是你们能伺候的。”仍坚持自己在老师身旁侍奉。万历十六年（1588）九月二日，罗汝芳卒，享年74岁。罗汝芳著述多达四五十种，传世的有哲学禅宗讲义类的《孝经宗旨》《明通宝义》《一贯编》《近溪子明道录》《会语续录》《识仁编》《近溪子文集》等。

（6）何心隐（1517—1579），原名梁汝元，字柱乾，号夫山，何心隐是其化名。江西吉安府永丰县人。嘉靖二十五年（1546）郡试中第一名。由于仰慕王艮的良知之说，不入仕途，拜颜钧为师。他学习颜钧在家乡办萃和会的举措，也在自己的家乡办起了聚和堂，进行理想社会的实验。何心隐在聚和堂里献出家财，购买义田，储蓄粮食，并且管理一切事务。族内子弟宿于祠、聚于祠、食于祠，过集体生活，享受平等待遇。鳏寡孤独以及没有房子住的都由聚和堂养起来。何心隐这种理想社会的实验，与当时社会等级秩序不符，于是县官以妨碍公务、诬蔑朝廷命官罪将何心隐逮捕入狱，先判绞刑，后改判充军。不久，他被朋友

何心隐像

程学颜营救出狱。此后，程学颜到京城做官，何心隐也一起进京。在京城何心隐结识了颜钧的另一个弟子罗汝芳以及耿定向等人，并通过耿的关系与张居正（时任国子监司业）会见于显灵宫。嘉靖四十年（1561），何心隐因与道士蓝道行参与弹劾严嵩，事情暴露后改名换姓，逃到南方。万历七年（1579），何心隐极力反对张居正毁坏书院，特撰《原学原讲》，再遭通缉并被逮捕押解到武昌。狱中，何心隐看见巡抚，坐不肯跪，终被打死。何心隐的学生胡时和为之收殓尸骨，并遵遗言将何心隐与其好友，也是以前的救命恩人程学颜合葬。何心隐的著作大多散佚，今有中华书局版《何心隐集》存世。

（7）焦竑（1540—1620），字弱侯，号澹园，又字从吾、叔度，号漪园，又号澹园，有时也号漪南生、澹园子、澹园居士、澹园老人、太史氏、秘石渠旧史等，南京人。焦竑是明代后期著名的博学者、思想家与文学家，一生勤勉写作，著作很多，尤以《澹园集》（又名《欣赏斋集》）《焦氏笔乘》《焦弱侯问答》《老子翼》《庄子翼》《易筌》《献征录》等最能反映其学说思想。焦竑高中进士第一，仍师事王襞、罗汝芳，笃信泰州

焦竑著《养正图解》，明刻本

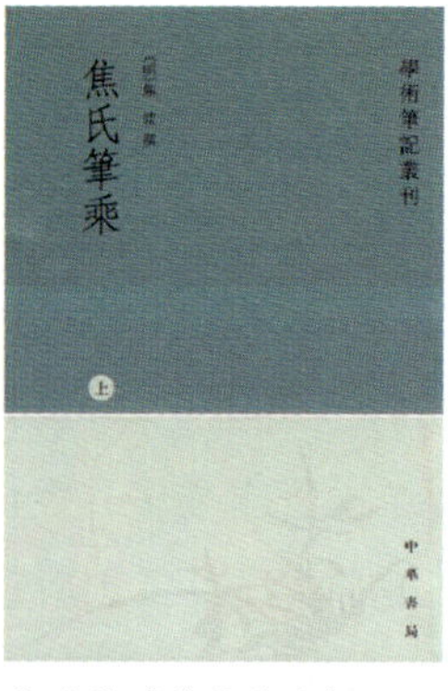

焦竑著《焦氏笔乘》

之学。从学术师承及所受影响来看，焦竑首先由耿定向、史惺堂（名桂芳，字景实，以号行）导入明代理学，尤其是阳明心学系统。其次焦竑以王畿（龙溪）、罗汝芳（近溪）为师，深受他们思想的影响。此外，焦竑更与李贽（卓吾）为莫逆之交，受卓吾思想影响最为深刻。焦竑继承并发扬了泰州王学传统而又有着自身思想特色，其思想在当时影响很大。

第二节　第二阶段：顶峰时期

第二阶段，泰州学派经过四传、五传，以李贽为代表的思想、文艺领域，以及以徐光启为代表的科学领域，将泰州学派思想发扬光大，掀起了一股股声势浩大的早期启蒙思潮。事实上，泰州学派的思想发展到李贽，进入了更全面、更成熟、更系统也更激进的阶段，这也就是泰州学派的顶峰阶段。

（1）李贽（1527—1602），号卓吾，初姓林，名载贽；后改姓李，名贽，字宏甫，号卓吾，别号温陵居士、百泉居士等。福建泉州府晋江县人。嘉靖三十一年（1552），李贽参加乡试中举，开始了他的仕宦生涯。30 岁时李贽到河南共城（今河南辉县）任教谕。嘉靖三十九年

李贽像

李贽书院

（1560）调任南京国子监博士，到任数月，父去世，回家守制。3年守丧期满，到北京任国子监博士。没多久，祖父又去世，李贽在共城买了几亩地，让妻子黄氏带三个女儿务农为生，只身回泉州料理丧事。3年后回去时，两个女儿已先后在灾荒中饿死。嘉靖四十五年（1566），李贽携家眷到北京，补了礼部司务，5年后又调任南京刑部员外郎。其间，李贽拜来南京讲学的王襞为师。明神宗万历五年（1577）出任云南姚安知府。李贽对继续做官不感兴趣，万历九年（1581），在云南离任满还有两个月，他也不管上司同意不同意，整理好公文，封好府库、官印，递了辞呈，带着家眷离开官署，来到湖北黄安麻城。他在麻城讲学时，听众数千人。李贽一生反对封建道学，提出了一系列与传统观点相背离的思想和主张。对于李贽的言论和著作，统治者恨之入骨，以“大坏风化”之名将他逐出麻城，拆毁他寓居多年的芝佛院。万历三十年（1602）春天，76岁的李贽带着不支的身体，跋涉数千里，冒着大风雪来到河北通州（今北京通州区），住在朋友马经纶的家里，准备在这里完成他对《易学》的研究。通州离京城很近，他的到来，竟如洪水猛兽，吓得朝廷里的卫道士纷纷向皇帝上疏，说他惑乱社会，扰乱圣道，毒害民众，要求赶快逮捕和驱逐李贽。皇帝立即下旨，派锦衣卫到通州捉人。李贽此时正在生病，面对捉人的官兵，他镇静地说，抬块门板来，让我躺着，跟他们去。马经纶是李贽坚决的支持者，他要跟李贽一起进监狱，李贽说："你不能去，你家里有老父要照顾。"马经纶说："他们说你是妖人，我请你来我家住，有庇护妖人的嫌疑，让我与你一块去受苦！"官府审问李贽时，问他："你为什么在书里写了许多反对朝廷、反对圣人的话？"李贽强硬地说："我写的书都在那儿，都是有益于世道人心的，你们可以自己看嘛！"朝廷想把李贽驱逐出京，送回福建。可是，李贽决心以他的生命抗议当权者对他的迫害。因此，趁狱卒给他剃发时，他抢过剃刀，飞快地在自己喉咙上割了个大口子，顿时血流如注。狱卒奋力抢过剃刀，并给他包扎，他才没有当即死去。但过了两天，连病带伤的李贽终于与世长辞了。挚友马经纶依照李贽的遗言，把他安葬在通州北门外，墓前立了一块一丈多高的石碑，并遵嘱请焦竑园书写墓碑。李贽一生著作达几十种之多，代表作有《焚书》《续焚书》《藏书》等。

坐落在群山怀抱中的李贽书院

江西抚州汤显祖纪念馆

（2）汤显祖（1550—1616），字义仍，号海若，江西临川人，进士。汤显祖在青少年时代，其父一直教育他独宗儒学，而汤显祖笃信道家的祖父却要他“仙游”。13 岁时，他跟从颇具道家思想的徐子拂学习。嘉靖四十一年（1562），师从泰州王艮三传弟子罗汝芳。万历十四年（1586），罗汝芳在南京讲学，汤显祖每天都去与罗汝芳讨论学问。他在南京为官时，又与东林党早期重要人物和同情者顾宪成、高攀龙、邹元标、李三才、顾允成等处为朋友。万历二十一年（1593）汤显祖起任知县。在任 5 年，他没有拘捕过一名妇女，没有打死过一名囚犯，并曾在除夕之夜放囚归家，元宵节又让囚犯观灯。他实施的这些开明措施，遭到了地方豪绅的攻击和上级官吏的挑剔，特别是为世俗观念所不容，最终只好弃官还家。汤显祖继承罗汝芳的衣钵，坚持不懈地传播泰州学派的哲学思想。当然，他与罗汝芳、李贽不同，汤显祖多次说：“我的老师

汤显祖像

江西抚州汤显祖墓

江西抚州汤显祖墓

讲性，而我只讲情。”汤显祖的心曲就是《临川四梦》中充分表达的泰州学派哲学思想的轨迹，泰州学派的哲学思想也是《临川四梦》的创作指导思想。汤显祖的作品十分丰富，除创作了戏剧《牡丹亭》这一千古名篇外，还留下了200多首诗和几百篇文章。

（3）袁宏道（1568—1610），字中郎，又字无学，号石公、六休，湖广公安（今属湖北省公安县）人。袁宏道是焦竑的学生。万历十六年（1588）中举人。次年入京会试，未考中。回乡后曾跟从李贽学习，自此很受李贽思想的影响。万历二十年（1592）中进士。先后任过吴县知县、礼部主事、吏部郎官、国子监博士等职。他和哥哥袁宗道、弟弟袁中道都是晚明的著名文学家，世称“公安三袁”或“公安派”。在公安三袁中，以袁宏道的成就最高，在明代文坛上占有重要地位。他有一套系统的理论，成为公安派文学纲领。如反对盲目拟古，主张文随时变，存真去伪，抒写性灵；强调诗文要独抒性灵、不拘格套；等等。公安三袁以打破封建思想束缚，扫除嘉靖年间以李攀龙为首的“后七子”的复古主义文风而著称于世。袁宏道代表作品有《袁中郎全集》《徐文长传》《初至西湖记》《叙

袁宏道像

徐光启画像

《袁宏道集笺校》

陈正甫会心集》《虎丘记》《满井游记》《西湖游记二则》《戏题斋壁》《游虎跑泉》《东阿道中晚望》《戏题飞来峰》《袁中郎集笺校》《瓶花斋杂录》《破研斋集》等。

（4）徐光启（1562—1633），字子先，号玄扈，南直隶松江府上海人。在科技领域，以徐光启为代表的弟子们延续了泰州学派的思想。万历年间徐光启参加顺天会试，罗汝芳的学生焦竑任副主考。焦竑在落卷中得徐光启卷，拍案叫好，毅然将名落孙山的徐光启拔至第一名。后徐光启成为泰州学派弟子。7 年后，徐又高中进士，选庶吉士（进士中之优者）。历任翰林院检讨、詹事兼河南监察御使、礼部主侍郎（督领修历事）、礼部尚书兼东阁大学士等职。在泰州学派思想的影响下，徐光启在当时首先提出学习“西学”“会通中西”以求富国强兵的主张。他是开向西方学习风气之先的第一人，比清代思想家、文学家魏源提出的“师夷之长以制夷”的思想早了 200 多年。徐光启的著述和翻译作品很多，主要有《农政全书》60 卷，还与意大利人利玛窦合译了欧几里得的《几何原理》等。

上海南丹路徐光启纪念馆石刻

上海南丹路光启公园内徐光启雕像

上海南丹路徐光启墓前十字架

上海南丹路徐光启墓

上海南丹路徐光启纪念馆石雕牌坊

熙朝元輔
治歷明農育世師經天緯地

第四章

主要思想

李约瑟博士说过："今天保留下来的各个时代的中国文化、中国传统、中国社会的精神气质和中国人的人事事务，在许多方面，将对以后指引人类世界作出十分重要的贡献。"事实正是这样，泰州学派是我国优秀的传统文化，泰州学派的许多人既是重要的思想家，又是宣传教育家和鼓动家。他们的哲学、宣传教育思想对后世产生了极其深刻而广泛的影响。泰州学派的思想极其丰富，几乎涉及国家、社会、家庭及个人修养等各个层面，而从泰州学派最具特色的思想来看，主要体现在以下四个方面。

泰州崇儒祠内一隅

第一节　以“百姓日用是道”为主体的平等思想

泰州学派从“王道”社会理想出发，企盼建立君民同乐、人人平等的大同世界。按照王艮的设计，在这个大同世界里，无贵贱、等级之分，万物各得其所，人人君子，家家安乐。这就是他们提出的“万物一体之政”。实现“万物一体之政”的前提是平等，所以他们强调天下平等的思想。

泰州学派提出了“百姓日用是道”这一重要命题。王艮认为，能知能行便是道，道就存在于百姓日用之中。因为人性之体就是天性之体、良知之体，百姓日用则是体用一源和劳动人民天体之性的结合，因此，存在于百姓日用之中的道与万物中的理是一致的。王艮不仅把百姓和圣人放在等同的地位，而且以百姓为本位，把是否合乎百姓日用作为判别是非的标准，甚至作为检验是否为圣人之道的尺度。在他看来，凡是合乎平民百姓日常生活需要的思想学说，就是真正的圣人之道，否则，就是异端。显然，王艮的“百姓日用是道”的思想，是一种主张圣愚平等的思想，体现了为平民争取人格平等、社会地位和伦理尊严的政治意向。王艮的“百姓日用是道”的思想为他的后学所继承。如韩贞把“百姓日用”视为通天大道，把一切学问归之于“百姓日用”，并认为，唯有利于百姓日用的学问，才是符合圣人之道的真学问，所以他反对作“学究讲肆”，讲无关百姓日用的“闲泛语”。实际上，韩贞将良知与天机相结合，与王艮所说的“日用良知”是同一个意思。韩贞是陶匠出身，他虽然识的字不多，但他的教学受到了广大平民和童蒙的欢迎，原因就在于他讲良知总是与百姓日用结合在一起。由于日用之学有诸多好处，所以韩贞认为，要获得真正的学问，就必须深入到百姓中去，向老百姓学道理。接着李贽又发展了王艮的“百姓日用是道”的思想，直截了当地提出穿衣吃饭就是人伦物理，以及人人都有私心的命题。

泰州学派主张人人平等。王艮的平等思想是建立在良知天然的理论基础上的。王艮也喜欢良知之学，不过他与王阳明的良知思想有所不同。比如，王阳明主张致良知，但又认为只有圣人能致良知，普通老百姓不能致，这就是圣人与百姓的区别。而王艮则不同，他认为每个人都能致良知，每个人都可以成为圣人。据说，有一次王艮外出回来，王阳明问他见到了什么，王艮回答说：“满街都是圣人。”王艮的“满街都是圣人”

贵州修文阳明洞龙岗书院内“知行合一”石刻

实际上就是满街人都可以成为圣人。在王艮的心中，圣贤并不是高高在上、可望而不可即的。王艮认为，对于道，人与人之间有先知与后知、有知与无知的区别。在他看来，普通百姓与所谓圣人一样，都能致知，差别只在对自身本质（道）的知与不知、自觉存之与不自觉地去之。为此也就出现了圣人知而百姓不知的情况。而不知道自己的良知，不能将自己的良知自觉存之就是不能知“道”。先知、后知与知识的学习、积累有关。同时，王艮认为，先知与后知并不是永不移易的，先知与后知、有知与无知是可以变化的。先知者不能自觉存之，就有可能变成后知或无知；反之，后知或无知经过学习可以变为有知，对于那些学了又去之的人来说，后知也可变成先知。所以，这种区别只是相对而言的，也是暂时的。当然，王艮也认为，人与人之间的智力类型有不同，但在智能上没有什么高低，有的只是先知与后知的问题。关于良知平等问题，王艮的后学们论述得也较多。如韩贞认为，愚夫尧舜本来就是相同的，能不能成为圣贤取决于人的修养程度，只要潜心修养，野老能成圣，江鱼能化龙。罗汝芳说，为官者与众人一样，汉人与少数民族人一样，云南人

Memoral Hall of Tai

纪念馆
ool of Confusianism

王阳明主张“致良知在格物”

与天下人一样，明代人与唐代人一样。人无贵贱贤愚，圣人就是平常人，平常人本来也是圣人。所以他要人们懂得这样一个道理：自己就是圣人。何心隐进一步发展了王艮在君臣、父子、兄弟等人伦关系上的平等思想，认为人与人之间没有亲疏贵贱，不存在主从、尊卑关系，彼此都是平等的。所以他主张用师友关系来代替君臣、父子、兄弟、夫妇的伦理关系。李贽非常赞同王艮的天然良知说，他说天下无一人不生而知之，无一物不生而知之，无一刻不生而知之。在"生而知之"这一点上，每个人都是相同的。人人生而知之，人人也都可以成为圣人。这就彻底否定了人与人之间的天赋差别。用他的话说就是："圣人不曾高，众人不曾低。"值得一提的是，李贽在伦理关系上，不仅打破了圣凡之分的界限，而且还打破了男尊女卑的封建礼教的束缚，主张男女平等。他认为男人和女人都是人，都有"见"，都可以学道。李贽甚至认为，那些身受封建礼教束缚的妇女，如能不听道学家们的"俗语"，敢于"出世"，那么，她们的才识就会大大超过那些株守礼法的男子，使他们羞愧流汗，不敢出声。为此，他在《初谭集·夫妇篇》中特地立了"才识"一目，罗列了 25 位"才智

安定书院

过人，见识绝甚”的妇女，并为之大唱颂歌。李贽甚至还认为，男人不能做到的，女人能做到；女人做不到的，即使是圣人也未必能做到。可见，在李贽看来，妇女的能力甚至不比“圣人”差，她们同样可以承担“圣人”的事业。李贽特别欣赏武则天，甚至断言武后胜高宗十倍，胜中宗万倍。

泰州学派倡导社会公平，王艮的公平带有平均主义的意识。他 34 岁那年，弟兄们各自媳妇因为妆奁有厚有薄而吵闹起来。有一天，王艮就把弟兄们叫到一起劝他们说：“家人反目，主要是因为财物不均。”就叫各家拿出所有财物放在天井中，然后平均分到各家。此举个个赞成，家庭矛盾也就消除了。再比如，由于安丰场灶产不均，贫者多失业，平民上奏官府，请求平摊灶产，但此事几十年都没有能解决。王艮 56 岁那一年，运佐王公、州守陈公共同来处理这件事。他们来到王艮家，请王艮帮助出主意。王艮通过平均分地，解决了久拖不决的问题。虽然王艮这种平均论思想是有缺陷的，但我们也应该看到王艮公平思想的积极方面。比如，王艮在其平均思想的基础上提出了“以天下治天下”的全民参政思想。王艮在这里所说

泰州学派纪念馆内新设祭祀场地“先觉堂”，供人们缅怀王艮

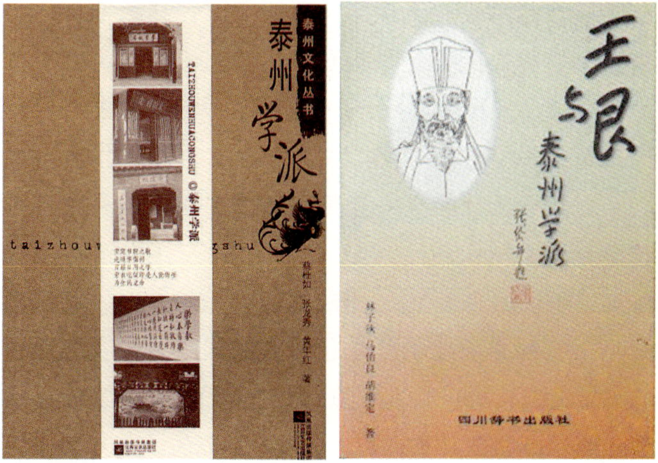

关于泰州学派的著作

的“以天下治天下”，实际上是说，以天下人治理天下，也就是让人民群众参与治理天下。他认为实行以天下治理天下，是符合人民群众要求和社会发展规律的，也是实现社会公平公正所必需的。他的这种思想，应该说是开了中国民主政治思想的先河，也是中国民主政治思想最早的萌芽。王艮弟子何心隐主张“与百姓同欲”，就是承认普通劳动人民同样有满足物质享受要求的权利，反对统治者在物质享受上的垄断，并且反对统治者及其代言人虚伪地宣扬“无欲”或“绝欲”对人民进行欺骗。他还主张提高农、工、商、贾的社会地位。他对农、工、商、贾给予了较高的评价，甚至把他们提高到圣贤的地位。他主张农、工、商、贾要自强自立，要超而为士，超而为圣贤。何心隐对农、工、商、贾的呐喊，突出了农、工、商、贾的社会地位。

泰州学派社会平等思想，还体现在继承孔子“有教无类”这一传统上。在教育问题上，王艮讲“容”。他这里所说的“容”，并非指一般意义上的“宽容”，而是指教育对象上的一种包容，也就是要包容天下一切愿学之人，所以教育对象是不应当有差别的。王艮的弟子或行商坐贾或乡村野老，或缙绅先生或衣冠大盗，他对此一概迎而不拒。在他的学生中，虽有如徐樾这样的官僚士大夫，但更多的是布衣平民。如他最早的学生林春（东城）出身佣工，朱恕则是樵夫。在泰州后学中，泰州学派弟子又进一步向长江中游以至四方的群众拓展。如田夫夏廷美是繁昌人，识字不多的颜山农是永新人。颜讲学“无贤不肖皆赴之”。学派的“著者”何心隐奔走四方讲学，南至福建，北至京师，东至长江下游，西至重庆。何在京师时，“辟谷门会馆，招来四方之士，方技杂流，无不从之”。泰州学派传道对象上至士大夫，下至各种职业的平民百姓，无不受其洁溉而有所成就。李贽接过了王艮人人平等的大旗，且在人人平等的思想基础上深入阐明了男女平等的主张，这是王艮所没有述及的。为了倡导女性教育，李贽专门写了《答以女人学道为见短书》。他不仅在口头上宣传男女平等，还把这一思想付诸自己的实际行动，如在芝佛院讲学传道期间，他招收了一些女子为弟子，并接受一个寡妇的供奉。他还用通信形式同一些女子研究学问、探究道义，并吸收8位女学者参加编写《博纂二王真草隶篆千文印数书镜》的活动。他的男女平等的教育思想，为后来进步教育的产生与

江苏东台安丰古镇心斋园

浙江余姚阳明故居

发展奠定了思想基础。

第二节 以“淮南格物”为主体的身本思想

“淮南格物”思想是王艮求学于王阳明之前就已经形成的理论。在投到王阳明门下之前，王艮就以格物说教授于人。王艮成为王阳明的弟子后，也没有忘记、抛弃他的“淮南格物”论。事实上，在王艮的思想体系中，格物论是他讲学传道的思想基础，也是有异于王阳明的标志之一。

“格物”一词一开始是作为纯伦理学的命题提出来的，且历史上对于“格物”的含义没有定论，所以后人对“格物”的解释也就众说纷纭。如：朱熹以理为本，主张格物穷理；而王阳明以心为本，强调致良知；而王艮则认为：理、心都不是本，只有身才是本，身是天下万物之本。王艮的这一格物论，因王艮出生地地处淮南，所以被称为“淮南格物”。

王艮的格物论是一种认识论，即认识到“正己”是治国之本。只有认识到这一点，才能把心思收拢到自己身上来，才能在自己身上下功夫。比如在身与国家的关系上，身是本，国家是末，所以国家出了问题要在“身”上找原因。“反己”也是王艮的一个重要观点。不过，王艮的“反己”功夫与传统儒学有所不同。王艮认为：“反己”就是“正己”，而“正己”又必须“反己”，两者紧密联系。“反己”就是要通过“静观”自我，矫正自我，以矫正天下万物。他说：“反求诸己，亦唯正己而已矣。”也就是说“反己”的目的就是“正己”。所以他要求人们“反其仁、治、敬”以正己。王艮的“反己”不是简单的反思，他是当功夫看待的。他说“反己”是格物的功夫，“格物然后知反己”。这里，王艮又将“反己”作为他的“淮南格物”说的深层要求。“反己”的着力点是自己，不是别人，所以一个人的行为如不能达到目的，不要把功夫花在较量别人的过失上，而是要从自己身上找原因，不要总是指责别人。“反己”首先要有正确的态度，王艮认为，君子不仅要经常检查自己，还要经常想到自己身上存在的问题。

关于寻找过错的问题，王艮列举了许多方面。比如，如果解说不明白，是自己的过错；如果引导不及时，是自己的过错；见人有过而不能容，是自己的过错；能容其过而不能使之改正，也是自己的过错。如果说己无过错，是自己的过错；如果说别人有过错，同样

江苏姜堰明代泰州学派讲学旧址

祠
后母戊鼎
商代晚期青铜鼎，是商王为祭祀其
母“戊”所铸，系国家一级文物。原件
存中国国家博物馆。

江苏姜堰王氏宗祠内节孝祠

是自己的过错。王艮还说，人不爱我，不是别人不仁，而是自己不仁；人不信我，不是别人的问题，而是自己的问题；等等。所以要能做到“反己”，就应当“上不怨天，下不尤人”，时时从他人对己之态度来反省自己的言行。他认为，每个人都应该严于律己，宽以待人，要学会归罪于己。

不仅如此，王艮还有两个观点：一是别人胜过自己是己之过，二是别人有过是己之过。当然，这种自我批评精神是要求有容人之量的。可见，王艮的这些“反己”思想是极其深刻的，也是颇有新意的，对人的修养正身有着重要的指导作用，所以被当时的学生盛赞为千载未明之学。

当然，王艮的格物论所涉及的问题，也不局限于个人与国家的关系问题，格物论的应用价值非常广泛。客观地说，只要涉及人这个主体或围绕人这个主体涉及的各种关系都可以运用。比如治学也是这样，君子治学是为了正己以度人。正己就是正身，王艮主张正身立本。他说一身不是小，一正百正，一了百了，所以所有人都必须从修身开始。在如何“正己”这一问题上，泰州学派强调“反己”。如有一天，见路旁有两人打架，王艮对其中一人说，你如有良心，严于责己，不就打不起来了吗？再如韩贞善于从无过中搜出有过来。有一次韩贞乘船到外地去，撑船的人不小心将他的帽子碰落到水中，这个人知道被碰掉帽子的人是韩贞后，诚惶诚恐，连忙向韩贞请罪。韩贞笑着说："没有你的事，是因为我坐得太高罢了。假如我坐得低一点，你怎么会碰落我的帽子呢？"明明是撑船人的错，韩贞却把错归于自己。

王艮的"格物"论也是"尊身"论，这是"淮南格物"论的延伸。王艮认为：尊身也是百姓的合理要求，属于天然自有之理。他认为，身与道相比，身是至尊者。之所以这样说，是因为人能弘道，所以身比道还要尊贵。尊身首先要有自我价值认识，有自己的尊严与自信，所以王艮又提出了"尊身立本"的观点。这种"尊身立本"的思想，是尊重人的价值，维护人的尊严。无论对己对人，王艮都遵循"尊身立本"的思想。他到南昌拜见王阳明并不是冲着拜师去的，而是要看看自己的见解与阳明先生究竟有什么异同，他要看看这位引领江南的阳明先生究竟有多大能耐。所以两人一见面，就反复辩论起来。几个回合下来，王艮的座位也

江苏姜堰王氏宗祠侧门

贵州修文阳明洞口阳明手植参天古柏

由上座而侧座而下拜变了几次。虽然他是一个不轻易服输的人，但当他听了王阳明讲了致良知的心学宗旨后，当下佩服得五体投地，立即拜王阳明为师。可回到宿舍静心一想，又觉得自己考虑不周，拜师太轻率了，于是第二天又过去与阳明论辩一番，最后才心悦诚服。

王艮的尊身思想与安身、保身也是联系在一起的。比如在“出”的问题上，王艮提出了三个条件：其一，看天下有道无道。有像尧舜那样的贤明君主，那就可以“出”；有像桀纣那样的无道之君就不能“出”，只能“处”。其二，“出”与“不出”也要看能否提高自身的价值。王艮指出，如果君相求之，百执事荐之，就可以出。如果君相不用，百执事虽然推荐你，不过是尽到了他们推荐人才的责任。你虽然出了，也只不过听从命令。其三，“出”与“不出”还要看是否危身。王艮认为，如果身不能保，就不能出，只能处。所以王艮在提倡尊身的同时，又提出了爱身、安身、保身的系列要求。王艮把“安身”作为天地万物之本和“善”的最高境界。在王艮看来，一切都应该以保身为前提；因为保身与保国、保天下是一致的，身保才能保国、保天下。就是他大力倡导的“良知之学”也不过是为了“保身”

而已。王艮不赞成孔孟“杀身成仁，舍身取义”的观点，他认为，每个人都有生存的权利，为了要实践封建道德而烹身割股的做法是不符合道的。“杀身成仁，舍身取义”是一种“应变之权”。在事变的重大关头，可以以身殉道或殉国，但在一般情况下并不是一定要人非效法不可，而应该根据实际情况随机应变，避免为了对君主尽愚忠而作无谓的牺牲。他说：“不知安身就去干所谓天下国家的大事，那就是失本。”当有人问王栋出于爱亲之真心，以割股之肉来供奉生病的亲人是不是良知的体现时，他回答说：“这个真心也只是听说的。社会上确传因为亲人患病而割股的人，有的人受这种真心感动也效法这种做法。这种真心的做法令人感动，但是如果从良知灵窍上来看，应该知道自己的身体也是父母的遗体，怎么忍心用刀割除呢？况且如果父母知道你割肉奉亲，反而会更加伤心。还有，如果你割坏了身体，万一伤了性命，又怎样去侍奉亲人？懂得良知的人应当弄明白这些道理，怎么能不了解这些道理鲁莽而为呢？”从王栋的这一回答来看，王栋不赞成只知孝亲而不知保身的做法。泰州学派的安身与保身又是联系在一起的。王艮还从身本思想出发，

江苏东台安丰古镇心斋园内王氏牌位

浙江余姚龙泉山王阳明讲学处

提醒人们要“爱身如宝”。他认为，保身与保国、保天下是一致的，所以他要求人们一切都要以保身、安身为前提，不要盲目听信封建伦理道德的说教；作为统治者也应当从保民、安民出发，行天下万物一体之仁。所以王艮专门作了《明哲保身论》。对此，王艮身体力行。比如明正德、嘉靖年间，面对十分黑暗的政治形势，王艮拒不为官，也不让儿子做官，一方面体现了他与昏君不合作的态度，另一方面也是一种以退自保的保身策略。

泰州学派的身本思想不是孤立的。在王艮看来，身与道原是一件东西，道尊则身尊，身尊则道尊，尊身与尊道是统一的。尊道就要尊身，只有尊身才能尊道。同样尊身也要尊道，不尊道也难以尊身。他要求每个人在解决自身日用获得身安的同时，要推己及人，体恤关怀他人。王艮说“爱人”“敬人”也是爱自己、保自己的一种方法，比如你爱人家一家，人家一家必定爱你，你能爱一国，那么一国的人也一定会爱你，你能爱天下，天下都会尊崇你，所以要把修身立本与躬行实践结合起来。王艮对自己的父亲王守庵特别孝顺。有一天，他父亲寒天起床，冷水盥洗，他见了，痛哭着说："作为儿子让父亲这样艰苦，我还能算俱全吗？"于是，父亲有什么艰苦的事情要做，他都代父亲去做。32 岁时，各路官民遇到难事都来请教他，他的提议实施后，百姓总是不伤毫发。其后，王艮虽出行讲学，常年奔走在外，但他始终心系百姓日用。比如，当他被迫从京师回到王阳明身边时，正值淮扬大饥，他先从老朋友、真州王商人处贷米 2000 石，请当地官府按人丁花名册赈济，对饥饿不能行走者做粥给食，再亲自找巡抚放赈。巡抚调查核实后不仅及时发赈，还准备竖立牌坊表扬王艮，王艮坚持不肯。是年秋天瘟疫暴发，王艮煮汤药广为调剂，救活了许多百姓。王艮 53 岁那年，家乡又发生灾荒，灾民普遍断炊，甚至除夕都不能举火。王艮不仅带头叫长子拿出家中衣粟赈济，以激发本乡富民的同情心，还亲自请求徐御史发赈解救饥民。东台富户卢月溪有感于王艮善行，再次主动出豆麦 1000 石施赈（此前曾出粟 1500 石），王艮以自己孙女许配其子，并举荐其为淮海积善之家。此外，古人把仁只看做一种人与人的关系，而王艮不仅看到了人与人之间的关系，还看到了人与自然的关系。比如王艮的父亲守庵公喜欢在小溪上张网捕雁，一天能捕获10余只。王艮多次批评他，他父亲就把网烧了，把雁也放了。

王艮的弟子们也是注重躬行实践。比如其弟子王襞为了建立一个男女老少平等而又平均的社会，嘉靖三十一年（1552）在家乡创建了“宗会”。王襞创建的“宗会”虽然是一种宗族性的组织，其宗旨和范围虽然也只是解决合族内部的问题，但也从一个侧面反映了王襞继承了王艮的王道社会理想，企图将这一社会理想在家族内部进行实验。再比如韩贞把和睦看做是安身的基础，而要做到与人和睦相处就要有宽阔的胸怀。再举个例子，韩贞贤名远播后，有人不相信，便造了一份假借券来试试他，说韩贞曾借他许多麦子，还拿出韩贞的借条。韩贞见到借条，很是愕然，接着作歉意状，并如数给麦。来人哈哈大笑，把券撕了，也不要麦了。韩贞明知自己没有向他人借麦子，为什么还要还麦子？韩贞的观点是：不能因为一点小事伤了和气，而自己要安身就得与他人和睦相处。再如，嘉靖三十三年（1554），兴化又遇大旱，韩贞把家中余粮全部分给乡亲，又将三间讲学堂拆卖换来粮食数十斗，救济乡亲邻里，自己住到洞里。又如，有一个

姜堰王氏宗祠内的读书楼

邻居饿了两日，到了晚上向韩贞家借米。这时他家也仅有2升米，可韩贞慨然答应了。妻子面有难色：“米不多了，今天借给他，明晨我们怎么办？”韩贞说：“我之饿死还在明晨，他之饿死乃在今晚矣！”于是把米给了邻居。

第三节　以“率性而为”为主体的自由思想

泰州学派冲破了传统思想的束缚。在封建社会中，统治阶级主要是用儒家经典和封建伦理纲常来统治人们的思想。因此，不冲破儒家经典和封建伦理纲常的思想禁锢，是不可能获得思想自由的。王艮的思想虽然还带有传统儒家的色彩，但他已开始突破儒家经典和封建伦理纲常的羁绊，朦胧地向思想自由方向前进。他轻视以至否定儒家经典，反对章句诵习，反对用儒家经典来束缚人们的思想。比如王艮认为，天理和人欲是统一的，人的生理欲望是道的一种呈现，理即存在于自然的人欲之中。王艮认为，人的本性是自然而然的，并没有先天的规定性。同时，每个人都有七情六欲，所以人有欲求，也是合理的。再比如，王艮把以身为本定位在维护人的生命、尊严和理想上。王栋提出了人欲不能无的主张。何心隐还倡导“育欲”，育欲就是发展人自然本有的欲望。颜钧认为，一切理学的道德说教和修养方法都是妨碍“自然之道”实现的桎梏，必须废弃不用。李贽认为，《论语》《孟子》等儒家经典并不是“万世之至论”，要冲破传统观念的束缚，做到“不执一”。他坚决反对以孔子的言行作为衡量“道”的标准。李贽说《论语》《孟子》等书是孔孟的迂阔门徒、懵懂弟子听老师讲课的一些记录，是有头无尾、记前忘后的东西。

泰州学派的这些思想反映在孝道问题上就是不愚孝。比如王艮对王阳明非常尊敬，他与王阳明感情至深。嘉靖八年（1529）王阳明去世后，王艮亲自到浙江桐庐去吊丧，并邀请他的学友们一起料理家事，安排好王阳明后人的生活，后又和学友们一起将王阳明安葬在绍兴方回。但由于王艮与王阳明出身、经历、政治主张毕竟不同，所以王艮在学术上常常不满师说，两人发生争论。再如，王艮认为，只要活着的人都不能不尊君、不孝亲。他曾说过“事亲如事天，事天如事亲”这样的话。他认为大家对父母孝、对兄长悌，犯上作乱的人就没有了，社会就安定了。但王艮也反对愚忠愚孝。

浙江绍兴兰亭镇王阳明墓

如在“尊尊”问题上，他说君有大过，做臣子的就要劝告，反复劝告之后还是不听，就把他从君的位子上拉下来，不要盲目地为君主卖命。在孝亲问题上，他也反对愚孝和盲从。他不同意那种烹身割股式的害身之孝。为此他主张父兄的所作所为，要仔细识别，对于父兄所作的要求，要认真选择，不能不经思考就盲目执行，有时候还要能抵制和纠正父兄的一些错误思想和做法。王艮不愚孝的主张为他的后学所继承，比如他的平民弟子韩贞很遵孝道和礼节，在家中，由于家贫早餐不够，他总是待人吃完后才吃剩下来的。韩贞15岁时，家乡暴发了严重的瘟疫，他的父母与伯父母、伯兄都病了。韩贞亲自奉药，没钱买药了就砍柴去卖。即便苦得连四肢都破裂流血了，他的孝悌之志也丝毫不减弱。后来他父亲去世了，买不起棺衾，他就去为人家放牛，拿预付工钱葬父。在放牛的空闲，他还砍柴买米给母亲与哥哥。牛主人可怜他，不要他放牛了，也不要他还债了。回家之后，他仍然做制陶的活儿，做了几百块砖用来偿还欠的牛主人的债。他的行为感动了牛主人，因此与他结成了很好的朋友。同样，韩贞也不盲孝。比如他从王艮、王襞处学习两年后回到家乡，儒巾深

王艮名言：“我命虽在天，造命却由我”

衣，众皆笑其狂。哥哥斥责他，并毁掉了他的儒生衣巾。但韩贞我行我素，并说服了他的哥哥，从此以后，其兄再未阻挠他从事儒学活动，可见他与王艮的孝悌思想是一致的。除了韩贞，王艮的其他弟子也是这样。如何心隐认为，讲孝亲，亲的是可亲之人；讲尊尊，要尊可尊之人。何心隐的思想实际上也包含了注重选择而不盲尊盲从的意思。再如 34 岁的李贽升任南京国子监博士。几个月后，他因父亲去世回家守孝。恰值倭寇骚扰我国东南沿海，他的家乡泉州也受到倭寇的包围。他回到家里，顾不上守孝，就参加了保卫泉州的战斗。

泰州学派注重人的主体精神的弘扬。王艮宣称：“我命虽在天，造命却由我。”可以说，他的“大人造命”说最大限度地弘扬了人的主体性。这是他与封建旧势力斗争的人生哲学，使他具有了一股积极进取、桀骜不驯的性格。李贽对王艮十分称道，他称赞王艮是个有“气骨”的人，是“真英雄”。王艮的主体精神表现在许多方面，比如对于学习，他就主张自己体悟，反对死守传统和经典传注。王艮认为，人的天性活泼之体有率性之妙，所以他主张“内求”，而不主张“外铄”。内求就是要充分发挥自心的作用，发挥自己的主观能动性。王艮把儒家经典视为糠皮草末，不足挂齿，所以读经主张用经来印证自己的心得，而不是要与经典相符。王艮成长首先来自于他的自学，后来虽然一度跟从王阳明学习，但他不局限于王阳明思想。他对自己的思想见解非常自信，所以经常能发表新的见解，一直到自立门户，自成体系。李贽一直唱着自由的赞歌，比如他曾在《司马相如传》中最早提出了反对封建婚姻制度、追求人的个性自由的主张。在文艺创作方面，他主张以真情实感的“童心”进行自由创作，做到有感而发，有情而抒。在学习方面，李贽倡导自由读书。他自己读书就不受限制，诸子百家之书无所不读，尤其精于史学，所以学问渊博，到老年时他又爱上佛老之学。后来他落发当了和尚，又不为佛老所缚。

泰州学派从自然人性论出发，主张解放与发展人的个性。王艮认为，按照良知的运行要求，作为良知主体的人，也应有活泼自然的特性，而人要有活泼自然的特性，就要反对一切外在的束缚，按照自己的本性去行事。王艮不同于宋明理学家的一个重要方面，就是以自然为宗，主张顺应自然，反对人为。他认为，

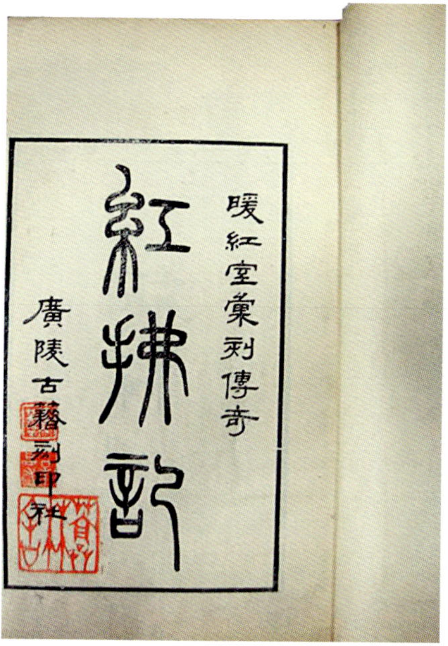

《红拂记》

明末清初《红拂记》青花图

《牡丹亭》中单雯饰杜丽娘

《西厢记》剧照

人的天然自足之性和天性之体应该像鸢飞鱼跃那样活泼自如，自由自在，任意遨游和飞翔，不应该受什么束缚。在王艮这一思想影响下，泰州学派的弟子们都主张在率性而动中释放人的情感，无论是罗汝芳的“赤子之心”，还是李贽的“童心”，都指的是自然活泼的至真至纯的性情。他热情赞扬《红拂记》中的红拂女私奔，并称之为千古以来第一个嫁法。他还说寡妇卓文君不待父母之命、媒妁之言，自己做主和司马相如结合是归凤求凰。李贽还对汉代卓文君的改嫁予以赞扬，对《西厢记》中张生与莺莺的自由恋爱表示称许。为此他痛骂不许寡妇再嫁的腐儒是无人性的。李贽主张遵循“天道”，“天道”，就是规律或法则；李贽认为，即使是圣人也不能违反这种规律或法则。李贽在文艺创作上提出了“绝假还真”，抒发己见，也是要人展示自己的个性。李贽最痛恨维护封建礼教的假道学和那些满口仁义道德的卫道士、伪君子。值得注意的是：李贽认为圣人在教育过程中只能任自然的不齐，不能强迫归齐。他根据自然现象的分类法，把各种不同的人物分为鸟兽草木、楼台殿阁、芝草瑞兰、杉松活柏、布帛菽粟、千里八百、江淮河海、日月星辰八类，以此来阐明人与人之间个性的差异性，要求教育能够使每个人的个性都得到发展，这是非常有见解的。汤显祖则通过“四梦”，在反对“去欲存理”方面，侧重于深受封建礼教之苦的女性的个性解放。在“四梦”中，汤显祖以其独特的视角，塑造了杜丽娘、霍小玉、清河崔氏等一个个颇具叛逆性格的女性形象。她们追求个性解放的主动精神与主体意识是前所罕见的。在汤显祖的笔下，杜丽娘是一位生于宦官门第的大家闺秀，自幼就受着家庭严格的封建礼教的管束。小楼独处，足不出户，本应成为遵守三从四德的贤妻良母。可一贯被传统观念视为歌颂“后妃之德”的《诗经》首篇《关雎》，在她的眼里，却是一首动人的恋歌。由此而游园惊梦，生生死死、死死生生。生是执着于追求爱情自由，死是出于对爱情的徒然渴望。这种大胆而主动地追求个性解放、婚姻自主的主体意识与人性精神，是《西厢记》中崔莺莺难以与之相提并论的。这正与泰州学派所倡导的把人欲从封建礼教的桎梏中解放出来的思想相吻合。

第四节　以“乐学”为主体的教学观

“乐学”思想是泰州学派教育思想中的一个重要组成部分。《王心斋先生遗集》“谱余卷”中记录了邹南皋（元标）的一段问答。有人问邹南皋：“泰州的王艮乃田间一个平民，又不读诗书，为什么能有如此显著的学术成就呢？”邹南皋回答说：“正因为他不读诗书，所以他才得以有如此创新的理论。”为什么这样说？邹南皋解释道：“王艮头脑非常灵活，既没有‘闻见’之约束，又能以王阳明的理论为依据，所以他成了天下之师。”这段对话，有一部分说对了，即王艮论道不受约束，同时他也接受了王阳明的精心指导，但说王艮不读诗书（也就是经书）则是大错特错了。不过，读书也要讲究方法。王艮认为，学习不应该是累人的，只有做到学不累人，才能获得学习的快乐。王艮 51 岁那年在南京会讲的时候，南野经常讲致良知，王艮跟他开玩笑说：“我最近讲良知致。”南野所讲的“致”就是“人为”，就是“着意”，同王艮所说的良知不虑不学的观点相悖，因而他不赞成。南野对他这一观点很感兴趣，就请王艮与他连榻数宵，两人谈得非常投机。在王艮看来，学习不“着意”才

泰州崇儒祠乐学堂匾额

是不累而学。王艮后学李贽说自己是老而乐学，并作有《读书乐诗》，他在诗中阐述了读书的无穷乐趣和珍惜寸阴的意义。那么怎样才能做到学不累人呢？关键是顺人心、听其自然。王艮认为，道既然是天然自有之理，并且不能加入人的意见，那么，天理也好，良知也好，都自然而然地存在于人心之中，不需要去刻意追求；只要顺从人心、听其自然，也就能获得快乐。而要做到顺人心、任自然，还需要从两个方面去努力：一方面是从学的角度去努力，另一方面要从教的角度去努力。

从学的角度努力要注意这样几个方面：一是不要被私欲干扰，主要是不受功名利禄之累。为此王艮曾专门写下了脍炙人口的《乐学歌》。他在歌中唱道："人心本自乐，自将私欲缚。私欲一萌时，良心还自觉。一觉便消除，人心依旧乐。乐是乐此学，学是学此乐。不乐不是学，不学不是乐。乐便然后学，学便然后乐。乐是学，学是乐。"王艮走的是自学成才的道路，他学习非常勤奋，但他为了成为新的圣贤之人，从没感到学习的艰苦，反而体验到学习的快乐。如他在自家屋后筑一斗室，日夜读书。一次，王艮一边走路一边看书，

泰州崇儒祠嵌有乐学歌石刻

樂學歌
人心本自樂
自將私欲縛
私欲一萌時
良知還自覺
一覺便消除
人心依舊樂
樂是樂此學
學是學此樂

樂學歌
人心本自樂
自將私欲縛
私欲一萌時
良知還自覺
一覺便消除
人心依舊樂
樂是楽此學
學是學此樂
不樂不是學
不學不是樂
樂便然後學
學便然後楽

《乐学歌》

竟跌到河里去了。爬上岸后，路人惊讶地问他，好端端地走路，怎么会掉到河里？他幽默地说："好几天没有工夫洗澡，今日下河，一可打打浴，二可清醒一下头脑，这是快乐的事儿。"王艮49岁的那一年冬天，徐樾到他这儿来学习。一天晚上，两人在月下散步交谈，徐樾担心回答有所误，所以非常谨慎。王艮大声说："老师跟学生不能自由地沟通，这是错误的。"又一天晚上，两人出游至小渠边，王艮跃过小渠，对徐樾说："你也要放轻快些。"徐樾更加谨慎，像丢失物件一样。王艮感叹地对徐樾说："从前我为你白费了许多精神。"徐樾的问题就是因为没有遵循人心理放松的规律。再比如就人的学习方法而言，要掌握好学习规律。比如他说学习需要思考，初步了解了一些道理之后，就要进行深入细致的思考。同时，学习不要脱离实际，不要被事物的表面现象所迷惑，要在分析、研究的基础上而求自得。此外，学习要与看书结合起来。当然，看书也有个时机问题，要在自己有了领悟之后，再来看书。

二是学习快乐首先在于心乐，而这种心乐就是一种对道的追求。王艮是这样，他的弟子们也是这样。

例如，樵夫出身的朱恕在一次听讲时遇到了王艮的学生宗部，宗部怜其贫，赠他一笔钱，劝他另谋生计，以免砍柴之苦。但朱恕却不领情，他说，钱将激起我的盈利之心，你这不是爱我，而是要断送我的一生，于是将钱掷还宗部。这种不求利禄的学习精神，就是一种真正的乐学精神。再如，韩贞始终保持陶人的本质，虽箪瓢屡空不改其乐。有一次韩贞家里来了两位客人，与韩贞纵谈了3个多月。两位客人对韩贞说："我们两人曾遇到高人指点，这个高人潜隐名山已经有1000多年了。我们从很远的地方就听说你德行很高，如果真是这样的话，我们一起用长生之法，共同长生不老。"韩贞默然良久后说道："我是学孔子之学的。长生之法，我就不用了。"客人说："现在先不要说长生，你目前艰难至极，我们两人能够点石为金，不可以稍微解决你的贫困问题吗？"于是从怀中取丹点石。韩贞笑笑说："贫困，是我应该的。你这种取丹点石不是我应该有的，据说点石成金，千年以后依然会变本相还原为石头，这不是害千年以后的人吗？害人之事，我是不做的。"两位客人怀着敬意与韩贞诀别走了。还有李贽，他认为做任何事情首先要发展"童心"。什么是"童心"？

李贽塑像

李贽在《童心说》中说，童心就是真心。童心是绝假纯真的，如果失去童心，就失去了真心；失去了真心，也就失去了真人；失去了真人，也就说假话、做假事、写假文，做了骗人的把戏，因而也就不快乐。泰州学派还强调遵循读书规律。他们认为，顺应了读书规律，就能获得读书的乐趣。比如王艮认为，读儒学经典并不是读死书，而是要像匠人斫木头那样简练又自然。如他讲良知就把良知与天然和百姓日用结合起来，讲“天然良知”和“日用良知”。

三是乐学要善于交友。王艮认为，与朋友彼此切磋，相互间都能得到提高，也能共同享受到学习的快乐。如王艮不仅自学自悟，他还置书怀中，逢人请教。李贽认为，求学不能没有师友，他劝告青年人要有超然志气，到四方去求师问友。因为有了志同道合的朋友，就会感到读书的无边之乐了。

从教的角度努力也需要注意这样几个问题：一是教要分清教学对象，做到因材施教。如泰州学派的学者们入山林、过市井，把教学的基地从书院移入民间，这就符合群众学习与生活的需要。二是教学方法要简易快乐。泰州学派学者们的讲学大多适合处于社会下层缺乏文化知识的平民百姓。如王艮教学即事以教、就近取譬、深入浅出、通俗易懂。比如，有一次王艮在书院讲“百姓日用之道”，开始听的时候，人们都不相信这一道理。于是，王艮举例说：“日常生活中人们不看书，不听音乐，但他们的行动很自然，行动快慢都掌握得很好，并不需要去思考。”王艮这样一讲，个个都懂了。王艮讲学，看起来并不是讲什么大道理，也不用什么理论背景，而是用这种看得见、摸得着的简单事实来启发诱导学生，收到了很好的效果。再如明嘉靖四十二年（1563），王栋的母亲去世，王栋居家守丧。3年后守丧期满，王栋补山东泰安州训导。当时有姓胡的兄弟二人向县署告争家财，王栋开导他们：“难得者兄弟，易得者田土。”兄弟俩听后很受启发，相互泣拜，复归于好。还有如韩贞讲学的最大特点是“随机指点”，有时候路上遇人也不例外。有一次在路上他遇到一老农，老农问他“良心是什么东西”。他说：“我跟你讲理论恐怕你难懂，你能把衣服脱了吗？”于是老农先脱外衣，再脱内衣，剩下内裤时，“不觉面红自惭”，不肯脱。韩贞说：“这就是良心。”老农大笑而去。李贽受了王艮思想的影响，他认为读书不只是明义理，更重要的是要有验证。他认为如果没有验证，即使读了书，也还是“未识字”，也体验不到读书的乐趣。三是教学内容要有利于理解接受。如王艮就把他的学说改造成平民能够接受的大成之学，很合平民百姓的口味。再如韩贞从王艮那儿学习结束后，在家乡编写了许多通俗的诗歌，在下层群众中吟唱，对于宣传泰州学派的思想起到了重要的作用。

第五章
文化遗存

泰州学派这一独特的历史文化遗产，反映了时代和人民群众的需要，反映了社会进步的需要，是我国极其重要的历史文化资源。泰州学派文化遗存比较丰厚，各代弟子在他们各自的家乡都有遗存。就泰州“淮南三王”而言，其文化遗存主要表现为墓祠遗存、文献遗存、旧迹遗存三个方面。

第一节 墓祠遗存

王艮及王氏墓群。东台市安丰镇九桥村古时有王氏家族 8 座墓，按东西顺序排列，中间是王艮父亲王

古籍记载的江苏东台安丰古镇贤人山图考

王艮和王襞墓

守庵的墓，右边为王艮的墓，其余是王艮兄弟的墓。墓的后面有长约30米、高20余米弧形小土山，人称“贤人山”。8座墓的墓前立有两块碑，一块是王氏家族墓碑，碑上刻有王守庵及其7个儿子的姓名；另一块是王东厓（王襞）的墓碑。后来墓被摧毁，但两块墓碑由于被生产队挖去做了水沟上的踏脚板得以幸存，今收藏于安丰镇文化馆。后来安丰镇在本镇公园内建“心斋园”，在园内重建王艮、王东厓父子墓。

崇儒祠。崇儒祠是专门为祭祀王艮而建的祠堂，位于泰州市海陵区五一路92号。明万历四年（1576），耿定向在泰州当督学时，倡议并奏请朝廷兴建崇儒祠以专祀王艮。祠堂取名崇儒祠，就是崇敬、祭祀王艮这位儒学先师的意思。崇儒祠于万历以后多次修葺、扩建，中华人民共和国成立后一度改作民居和厂房，1986年原县级泰州市将崇儒祠建成王艮及泰州学派纪念馆，并对崇儒祠进行大修。2001年对崇儒祠再度修建，并增加回廊、假山、水池、碑刻等景点，增塑王艮全身立姿铜像一座。为了纪念王艮530周年诞辰，2012年起，泰州市凤城河风景区管委会对祠堂进行了重新布展。新增了泰州学派成员与同时代的西方思想家的观点对比、祭祀王艮的场景等内容，和当代史学名家为纪念王艮所题写的匾额，采用了图、文、物和现代化表现手段相结合的展览方式，展览内容更加生动多彩。在崇儒祠西侧的庭院里立着王艮的铜像，曲曲折折的回廊和池塘、假山、竹子等一起组成了秀美的园林景色。目前，本地市民凭身份证可免费入馆参观。

安丰王氏宗祠。安丰王氏宗祠也称王心斋祠。王艮 54 岁那年，也就是明嘉靖十五年（1536）八月，御史洪觉山来访问王艮，发现各地来学的人非常多，王艮讲学的地方根本容纳不了，于是决定将王艮的住宅改建为校舍，即“东淘精舍”。在门人林东城等人的资助下，这个校舍建得很大，前面是大门，中间是客厅，后面为“勉仁堂”，也就是教室，共三间；东西两边再建五间附属用房，供王艮讲学和来访学生居住之用。王艮去世后，东淘精舍就改为安丰“王氏宗祠”，让王艮的后人春秋致祭。这些建筑原貌现已无存。安丰镇已经在心斋园内重建“东淘精舍”。

姜堰王氏宗祠。姜堰王氏宗祠位于姜堰镇东后街 4 号，是一座青砖黑瓦的古代建筑。姜堰王氏宗祠原为王栋讲学之所，万历九年（1581）正月王栋逝世。该

泰州崇儒祠正门

泰州崇儒祠先觉堂

泰州崇儒祠内碑刻

泰州崇儒祠内小花园

泰州崇儒祠嵌有《乐学歌》石刻的回廊

江苏东台安丰古镇心斋园内东淘精舍近景

江苏东台安丰古镇心斋园内勉仁堂

江苏姜堰王氏宗祠内庵公祠

江苏姜堰王氏宗祠正门

江苏姜堰王氏宗祠内朋来轩

年秋天，其后人就将他的学堂改建为祠堂。该祠堂前后四进，西侧前半部为园圃，后半部建有贤人祠（三间）和节孝祠（二层小楼，上下各两间）。祠堂轴线建筑为三进：第一进为门厅；第二进为大厅；第三进为大殿。大殿的西侧建有一进配殿与大殿并列，为“三贤祠”，祭祀王阳明、王艮、王襞。祠堂内曾刻有王栋像，清末民国起，姜堰王氏宗祠每年都会举行春秋大祭。

第二节　文献遗存

王艮讲学传道，一般都是当面口传心授，所以文字作品不多。王栋、王襞基本保持这一风格，几乎没有长篇大作。现在我们见到的“三王”著作，皆为其后人与门人整理增订，曾有不少刊印本行世。

《三贤全集》。该《全集》共 13 卷 12 册，是明朝崇祯时的刻本，清朝时的重修印本。其中包括王艮文集 6 卷，疏传合编 2 卷，一庵先生遗集 3 卷，东厓先生遗集 2 卷。

《王心斋先生全集》。王艮、王栋和王襞的著作，均被清廷收入四库馆珍藏。民国初年曾将上述书籍铅印行世。《王心斋先生全集》最初的刻本是由王艮次

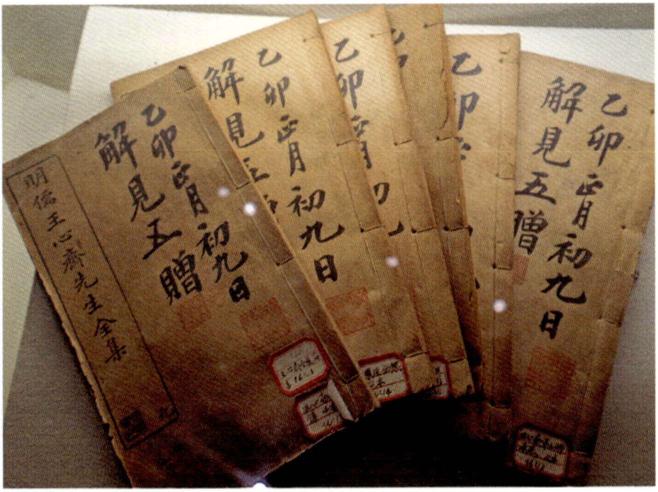

《明儒王心斋先生文集》

子王襞和门人董燧将王艮遗稿编集成册的，后来又与同门聂静一起增刻《语录》与《年谱》。明万历年间，王艮之孙王之垣又根据旧本重刻，后来刻本散失。清嘉庆年间，王艮的后人找到了丢失的版子，增补了王襞、王栋二人的作品，合编为《淮南王氏三贤全书》，刻印百余部给族人收藏。嘉庆二十一年（1816），泰州人王沂中（世丰）又将有关王艮语录、荐疏、年谱、尺牍等编成《王心斋全集》。道光六年（1826），王艮八世孙王以钲又在前人基础上编辑成《王文贞公全集》（门人焦竑等曾私谥王艮为“文贞”）。宣统二年（1910），东台学者袁承业认为，《淮南王氏三贤全书》过于芜杂，乃订正补遗，重编体例为《明儒王心斋先生遗集》，除卷首外，合共5卷，即语录、诗文杂著、年谱、谱余及续谱余、疏传合编（上、下）。《王一庵遗集》2卷、《王东厓先生遗集》2卷、《王东堧东隅东日天真四先生残稿》1卷及《王心斋弟子师承表》1卷。王心斋的杂著如《孝弟箴》《格物要旨》《勉仁方》《明哲保身论》《乐学歌》《大成学歌寄罗念庵》《复初说》《安定书院讲学别言》《勉仁方书壁示诸生》《天理良知说答甘泉书院诸友》《孝弟箴》《乐学歌》《孝箴》《鳅鳝赋》《均分草荡议》

等篇大多收录于《明儒王心斋先生遗集》内。泰州图书馆现藏《王心斋先生全集》（附弟子表）5卷3册，附一庵、东厓遗集及四先生残稿，民国二十一年（1932）袁承业编订，铅印本。又名《明儒王心斋先生遗集》《重镌心斋王先生全集》《王文贞公集》，或简称《王心斋集》。

《心斋约言》1卷。《心斋约言》是王艮讲学语录汇编。此《约言》嘉庆《东台县志》卷三十九《撰述》著录为1卷。《四库全书总目提要》著录为1卷。民国《泰县志稿》卷二十八著录为1卷。清道光十一年（1831）曹溶（嘉兴人）、陶越编订《学海类编》时将《约言》录入，晁氏活字印本，后由中国台北新文丰出版社于1985年影印再版。今有钟肇鹏选编本，由北京图书馆出版社于1988年出版，是为最新之单行本。除《约言》外，还有由明儒刘元卿在《诸儒学案》（明万历间刘应举补修本）所提及的《心斋先生语要》1卷和郧都尤大治所编辑的《心斋语要》，但至今未见传本。

《王心斋先生遗录》。明代赵用贤《赵定宇书目》著录为1本，标题为《心斋遗录》。根据袁承业《明儒王心斋先生遗集先后编辑校刊姓氏表》所记，该《心斋遗录》先由门人张峰初刻于江浦，接着又刻于义阳

《王心斋先生文集》

江苏泰州胡公祠园内回廊

书院，后来又三刻于姜堰。可见，《王心斋先生遗录》最少曾有三种刻本。

《新刻王心斋先生疏传合编》。所谓“合编”，实际上包括“奏疏类编”和“别传类编”两部分，其中收录嘉靖以来表彰、推荐王艮的一些文稿，这些文稿如果与全集合编，就相当于附录。明代已有单行本流传，如明天启元年（1621）叶凤仪增刻本；嘉庆《东台县志》卷三十九《撰述》著录为2卷，由郡守韦宗孔校刻。

此外，关于泰州王学的文献资料遗存还有不少，如明代刘斯原《大学古今本通考》收入王艮有关学语14条，所以题为《王心斋先生大学语录》；明代周汝登《圣学宗传》卷十六录入王艮问学语录数十条。明末清初经学家黄宗羲《明儒学案》专录卷《泰州学案》三十二卷至三十六卷；清代张廷玉《明史·艺文志》卷九十九著录为20卷的《艺文四》，署名为《心斋文集》，其《明史》卷九十八著录为2卷，署名《心斋语录》；《四库采进书目》将王艮作品著录为2卷，附《谱余》1卷；清代曹寅《栋亭书目》卷一《理学》著录为2卷，附《年谱》2卷，其《栋亭书目》卷四《文集·明》著录为6卷，署名《王心斋集》，另附《类编》2卷；清代阮元《文选楼藏书记》著录于卷二，附《谱余》1卷；嘉庆《东台县志》卷三十九《撰述》著录为2卷，署名《语录》，《泰县志稿》著录为2卷；梁启超《梁氏饮冰室藏书目录·集部别集类》著录为5卷、首1卷，6册，署名《王心斋先生遗集》；今中国科学院图书馆及上海图书馆分别藏有明刻2卷本，皆署名《重刻王心斋先生语录》。

第三节　旧迹遗存

社学庵。明代社学自洪武八年（1375）朝廷下诏允许设立后，每个朝代都有兴建。王艮讲学的社学庵原名叫作“立诚社学”，创立于明嘉靖年间，后始改为家庵。现在王艮讲学的社学庵旧址还在，位于泰州城北天禄街索行巷6号，为泰州市文物保护单位。

泰州安定书院。安定书院位于泰州市迎春路西的泰州中学内。安定书院是为纪念北宋理学先驱、著名教育家安定先生而建的，又称“胡公书院”。胡公书院也是王艮、王栋、王襞三贤的讲学之处。嘉靖五年（1526）泰州州守王瑶湖邀请44岁的王艮到安定书院主讲，王艮在安定书院还著有《安定书院讲学别言》一文。王艮52

安定书院旧址

安定书院新址

安定书院东侧的胡公祠

胡公祠园内名人碑刻

岁时再度来此讲学。王艮逝世23年后，泰州督学耿定向建议在书院东设胡瑗祠，书院西立王艮祠，并立“谒安定心斋二先生祠偶记旧作”诗碑。第二年，巡盐御史朱炳如以集资由王襞整修专祠。万历四年（1576），知州肖景训聘请王栋主持书院教事。光绪二十九年（1903），知州侯绍瀛兴办泰州学堂，又对祠屋修葺一次，此后多次重修。

心斋王夫之像碑。心斋王夫之像碑又称“王艮画像碑”，是泰州儒学训导郝几可于万历四十年（1612）刻立，今收藏于东台市文化馆。画像碑呈圆首形，高135厘米，宽52厘米，厚12厘米。碑上刻有王艮全身画像和“心斋王夫之像”字样。碑额刻80字，均为阴刻，碑背刻有郝氏所书的赞辞。原碑立于王心斋祠，“文革”时期祠遭毁坏而碑幸存。

王艮手撰储巏诗长卷题跋。该题跋总长327厘米，其中跋长101厘米，纵29.5厘米。书写内容是王艮读储巏作品的读后感。储巏（字静夫，号柴墟，1457—1513）一生为官清正，善于推荐和选拔人才，时人称为“大雅君子”，与王艮是泰州老乡。正德元年（1506）二月，王艮读了储巏《柴墟集》之后写了此跋，跋中表达了对储巏的景仰之情。该题跋今藏于泰州博物馆。

王艮生前常用古砚。此古砚现藏于北京故宫博物院。砚长35厘米，宽17.5厘米，正面刻有“静者石，安者几。知静安，得所止”字样，落款为“正德六年汝止王艮”。背面刻王艮肖像，并书“心斋先生小像”6字。

王艮生前所用古砚正面
（复制品，原物现藏北京故宫博物院）

安定书院门前石刻

尾　声

泰州学派的启蒙思想，是一个持久且永远的哲学课题。21世纪的中国正处在实现伟大的民族复兴的时代，拨开历史的迷雾，泰州学派独树一帜，“以自然为宗”，重视人本价值，切实关注民本、民生，为我们所处时代归本存源、和谐万邦提供了理论与实践的文化路标。对用心读过泰州学派学者们学说的读者而言，是一种启悟，一次心灵的沐浴。泰州学派是民众的，正是因为根植于民众，泰州学派的思想才能“风动宇内，绵绵数百年不绝”。泰州学派的民本、民生思想，高扬“服务民众、奉献民众”的道德和信仰，有力地支撑着我们的文化良知。现今的人们应该认真地去挖掘、开采泰州学派这一文化宝库，为自己增添一点道德储备和信仰储备，为实现中华民族伟大复兴贡献更多的力量！